essentials

Essentials liefern aktuelles Wissen in konzentrierter Form. Die Essenz dessen, worauf es als „State-of-the-Art" in der gegenwärtigen Fachdiskussion oder in der Praxis ankommt. *Essentials* informieren schnell, unkompliziert und verständlich

- als Einführung in ein aktuelles Thema aus Ihrem Fachgebiet
- als Einstieg in ein für Sie noch unbekanntes Themenfeld
- als Einblick, um zum Thema mitreden zu können

Die Bücher in elektronischer und gedruckter Form bringen das Fachwissen von Springerautor*innen kompakt zur Darstellung. Sie sind besonders für die Nutzung als eBook auf Tablet-PCs, eBook-Readern und Smartphones geeignet. *Essentials* sind Wissensbausteine aus den Wirtschafts-, Sozial- und Geisteswissenschaften, aus Technik und Naturwissenschaften sowie aus Medizin, Psychologie und Gesundheitsberufen. Von renommierten Autor*innen aller Springer-Verlagsmarken.

Bernd Ahrendt · Nina Bürklin ·
Paul M. Ostberg

Wege agiler Führung – mit Sinn

Praktische Grundlagen für lebendige Organisationen

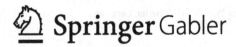

Bernd Ahrendt
Leipzig, Deutschland

Nina Bürklin
München, Deutschland

Paul M. Ostberg
Puchheim, Deutschland

ISSN 2197-6708   ISSN 2197-6716   (electronic)
essentials
ISBN 978-3-662-68727-7   ISBN 978-3-662-68728-4   (eBook)
https://doi.org/10.1007/978-3-662-68728-4

Die Deutsche Nationalbibliothek verzeichnet diese Publikation in der Deutschen Nationalbiblio-
grafie; detaillierte bibliografische Daten sind im Internet über http://dnb.d-nb.de abrufbar.

Planung/Lektorat: Christine Sheppard
Springer Gabler ist ein Imprint der eingetragenen Gesellschaft Springer-Verlag GmbH, DE und ist
ein Teil von Springer Nature.
Die Anschrift der Gesellschaft ist: Heidelberger Platz 3, 14197 Berlin, Germany

Das Papier dieses Produkts ist recyclebar.

Was Sie in diesem *essential* finden können

- Was zeichnet agile Führung aus?
- Welche Rolle spielt das Menschenbild?
- Welche Bedeutung haben Werte als Motivationsquellen?
- Wozu dienen Spielregeln für Führungsarbeit?
- Wieso ist die Unterscheidung von „doing agile" und „being agile" wichtig?
- Wieso sind Freiheit und Verantwortung Kernaspekte agiler Führung?
- Wie gelingt „doing agile", gerade in Zeiten von steigender Komplexität und Ungewissheit?
- Wie kann „being agile" praktisch umgesetzt werden?
- Wie können agile Organisationen zu lebendigen Wertegemeinschaften werden?

*Gewidmet allen, die eine
menschenwürdige Zukunft konstruktiv
mitgestalten*

Inhaltsverzeichnis

Wege agiler Führung – mit Sinn

1

Praktische Grundlagen für lebendige Organisationen

Agilität in der Organisationsbetrachtung ist längst kein neuer Aspekt mehr, jedoch bedarf es in Anbetracht steigender Komplexität und multipler Krisen einer neuen Perspektive für nachhaltiges und werteorientiertes Verhalten. Es besteht die Notwendigkeit für eine gute Entscheidungsfindung und Führung als Kombination von Mindset und Handlung. Bereits Talcott Parson postulierte in den 1950er Jahren vier Bereiche, auf deren Grundlage sich ein soziales System selbst erhalten kann (vgl. hierzu Linke et al. 2018, S. 316 f.), wobei die zunehmend disruptiven Märkte und die Digitalisierung heute viele Organisationen vor immer größere Herausforderungen stellen, die häufig mit dem Akronym VUCA umschrieben werden: Volatility (Volatilität), Uncertainty (Unsicherheit), Complexity (Komplexität) und Ambiguity (Ambiguität).

VUCA, zunächst im militärischen Kontext verwendet, betont die Notwendigkeit für Organisationen, flexibel auf Markt- und andere Veränderungen reagieren zu können, um erfolgreich zu bleiben (hierzu auch Fischer et al. 2017a, S. 40 f.; Muduli 2013, S. 56) – eben agil zu sein. Agilität kann somit als eine organisationale Kompetenz verstanden werden, die es ermöglicht, sich als System kontinuierlich anzupassen, indem die Veränderungsbedarfe rechtzeitig antizipiert werden und auf diese Weise die Existenz nachhaltig sichert wird (vgl. etwa Linke et al. 2019, S. 314; Häusling et al. 2016, S. 7; zu Vorteilen von Agilität vgl. Fischer et al. 2017a, S. 42). Hierbei heben Studien und Autoren vor allem folgende Kompetenzen hervor, die organisationale Agilität fördern (vgl. Weltwirtschaftsforum 2020, S. 5; Weber et al. 2018, S. 28; Eilers et al. 2018, S. 3)

- Verantwortungsübernahme
- Selbstorganisation, auch bzgl. Lernen, Resilienz und Stresstoleranz
- Vertrauen
- Kommunikation
- Konstruktiv-kritisches Denken
- Problemlösungskompetenz.

Diese Kompetenzen werden nicht (nur) durch Strukturen und Prozesse etabliert, sondern vor allem durch jedes einzelne Organisationsmitglied sowie dessen Mindset und Interaktionen, sowohl intern als auch im Verhältnis zu Externen (Kunden, Lieferanten, Öffentlichkeit). Insofern sind Organisationen nur dann in der Lage, Agilität zu entwickeln, wenn ihre Mitglieder die Bedeutung für die Organisation und ihre Wirkungen im Markt und weiteren Umfeld verstehen. Zudem müssen sie dazu bereit sein, in diesem Sinne voll engagiert mitzuwirken. Sich individuell für die „eigene" Organisation zu engagieren, ist eine persönliche freie Entscheidung, die Verantwortung mit sich bringt. Dies hob auch Viktor E. Frankl hervor, wenn er feststellte (Frankl 2015, S. 130 f.): „Das menschliche Dasein ist Verantwortlich-sein, weil es Frei-sein ist. Es ist ... „entscheidendes Sein"."

Agilität und Organisationen 2

2.1 Zum Verständnis Agiler Führung

2.1.1 Wirkungszusammenhänge und Beziehungsgestaltung

Alle Mitglieder einer Organisation übernehmen Aufgaben, die als Teilaufgaben zu verstehen sind und in ihrer Summe die Gesamtaufgabe der Organisation widerspiegeln. Dabei sind diese Teilaufgaben in der Regel miteinander vernetzt, sodass jedes Mitglied bei der Umsetzung der eigenen Teilaufgaben immer auch die Wirkungszusammenhänge und Folgen des eigenen Handelns im Blick haben sollte. Hier setzt Agile Führung an, indem sie Führung grundsätzlich als direkte Beziehungsgestaltung zwischen Menschen zur Umsetzung dieser Teilaufgaben mit Blick auf die Gesamtaufgabe versteht. Jede Führungsperson gestaltet somit ihre Beziehung zwischen sich und anderen Beteiligten, die diese Gestaltung als Handlungen wahrnehmen und ihrerseits darauf mit Beziehungsgestaltung reagieren. Führung kann somit als ein wechselseitiger Prozess verstanden werden, aus dem heraus sich eine dynamische Interaktion zwischen den Beteiligten entwickelt, in der immer wieder neue Wirklichkeiten geschaffen werden (vgl. Kaudela-Baum et al. 2014, S. 61 f.), die stets „individuelle Maßarbeit und auf das jeweilige Gegenüber bezogen [darstellt] – keine Maßkonfektion und schon gar keine Massenkonfektion" (Böckmann 1990a, S. 148 – Hervorhebungen nicht übernommen).

Mit Blick auf die umzusetzende Gesamtaufgabe sind Führungsverständnis und Führungshandeln von zentraler Bedeutung für die Leistungsfähigkeit und den Erfolg einer Organisation. Grundsätzlich tragen die Führungspersonen für die Festlegung der Ziele und Strategien und deren adäquate Umsetzung die

© Der/die Autor(en), exklusiv lizenziert an Springer-Verlag GmbH, DE, ein Teil von Springer Nature 2024
B. Ahrendt et al., *Wege agiler Führung – mit Sinn*, essentials,
https://doi.org/10.1007/978-3-662-68728-4_2

Verantwortung (zur grundsätzlichen Bedeutung einer Führungskraft in Organisationen vgl. stellvertretend Yukl und Gardner 2020; Blessing und Wick 2017). Das ist insofern von Bedeutung, als dass die Gesamtaufgabe einer Organisation nur von allen Organisationsmitgliedern gemeinsam erreicht werden kann – und das umso erfolgreicher, je besser alle Mitglieder in ihren einzelnen Bereichen zusammenwirken.

Die Leistung, die eine Organisation gegenüber ihren Stakeholdern erbringt (L_O), ist ein komplexer Prozess, den alle Mitglieder (i) mitgestalten und insofern als Summe aus dem Produkt der individuellen Kompetenz (K_i) der einzelnen Mitglieder und ihrer jeweiligen Leistungsbereitschaft (LB_i) sowie den menschlich akzeptablen Beziehungen (B) verstanden werden kann, was bildlich in folgender Formel zum Ausdruck kommt:

$$L_O = \sum\nolimits_{i=0}^{n} (K_i \, x \, LB_i) \, x \, B$$

Damit aber wird deutlich, dass der individuelle Erfolg eines Menschen in jeder Organisation somit nicht nur auf seine individuelle Leistung zurückzuführen ist, sondern vielmehr auch vom Erfolg der anderen abhängt. Wichtig ist zu beachten, dass es hier nicht um eine mathematische Größe geht, sondern um eine qualitative Betrachtung, die gerade durch B ihren Ausdruck im Ergebnis findet.

▶   **Wichtig**
    Agile Führung ist individuelle Beziehungsgestaltung und somit eine permanente Aufgabe, die es erfordert, sich auf den Beteiligten einzulassen und ihn sowohl als Arbeitskraft als auch als Menschen anzuerkennen.
    Wer als Führungsperson – häufig auch als „Führungskraft" bezeichnet – in einer Organisation tätig ist, muss sich daher bewusst sein, dass sie eine hohe Verantwortung übernimmt. Führung basiert auf Übernahme von Verantwortung – gegenüber der Organisation genauso wie gegenüber den (direkt zugeordneten) Organisationsmitgliedern. Um gerade auf diese Verantwortung hinzuweisen, werden diese Personen im Folgenden jeweils als „führungsverantwortliche Person" oder „Führungsverantwortliche" bezeichnet.

Jede führungsverantwortliche Person sollte sich in regelmäßigen Abständen hinterfragen, ob ihr Verhalten auch tatsächlich Ausdruck einer verantwortungsbewussten Haltung ist. Verantwortung ist Engagement für die Organisation im Sinne einer Werte-Gemeinschaft, für zukunftsfähige Märkte sowie für eine zukunfts-fähige Gesellschaft. Zukunft haben wir nicht, Zukunft gestalten wir – tagtäglich.

Es sei angemerkt, dass Führung im Sinne umfassender Beziehungsgestaltung des Weiteren mehrperspektivisch zu sehen ist und somit Führung nicht nur in Bezug auf die unmittelbar Mitarbeitenden betrifft, sondern auch jene Personen, die Aufgaben delegieren („Vorgesetzte"), Kolleginnen und Kollegen auf der gleichen Hierarchieebene sowie Externe, die für die Erfüllung von Teilaufgaben relevant sind.

2.1.2 Agile Führung als hierarchieübergreifende Kompetenzentwicklung

Agile Führung verbindet die Führungsaufgabe mit den Anforderungen an organisationale Agilität, indem teilweise agile Prinzipien beschrieben werden. So greift etwa das Modern Agile das ursprünglich für die Softwareentwicklung entwickelte Agile Manifest auf (vgl. Beck et al. 2001) und fasst es verallgemeinernd für Organisationen in vier Grundprinzipien zusammen (vgl. Modern Agile o.J; Sauter et al. 2018, S. 20 f.): Modern Agile...

- ...macht Menschen hervorragend: Zur Förderung der intrinsischen Motivation legen Organisationen ihren Fokus zunehmend auf die Mitarbeitenden;
- ...macht Sicherheit zu einer Grundvoraussetzung: Organisationsmitglieder müssen sich sicher fühlen, damit sie ihre Kompetenzen einbringen können;
- ...liefert fortdauernd Wertvolles aus: Vertrauen und Zusammenarbeit wird dadurch gefördert, dass alle Organisationsmitglieder bereit sind, sowohl für interne als auch externe Kunden zügig einen Mehrwert zu schaffen;
- ...experimentiert und lernt zügig: Erforderliche organisationale Anpassungen setzen die Lernfähigkeit der Organisationsmitglieder voraus.

Es wird deutlich, dass organisationale Agilitätskompetenz nur dann zur Entfaltung kommt, wenn (möglichst) alle Organisationsmitglieder bereit sind, ihre individuelle Agilitätskompetenz zu entwickeln und zu „pflegen". In Bezug auf Führungspersonen haben hierbei Weber et al. vier wesentliche Handlungsfelder identifiziert (vgl. Weber et al. 2018, S. 27):

- Wertschätzender Umgang und Begleitung/Coaching
- Vertrauen aufbauen und Verantwortung überlassen
- Vorbild sein und Transparenz schaffen

• Feedback geben und Selbstreflexion fördern

Obgleich Weber et al. ihre Ergebnisse auf Führungspersonen im Sinne von Vorgesetzten beziehen, verdeutlichen die bisherigen Überlegungen, dass diese Handlungsfelder auf Basis des vorgenannten Führungsverständnisses auf alle Organisationsmitglieder auszuweiten sind. Denn es sind letztlich alle Mitglieder, die für ihre Organisation die Agilitätskompetenz aufbauen und entwickeln müssen. Statt einzelner Menschen sind nun alle gefordert, Tendenzen in der Umfeldentwicklung frühzeitig zu erkennen, sodass die Organisation frühzeitig adäquat darauf reagieren kann. Wie kann es gelingen, Menschen als Mitwirkende genau dafür zu begeistern?

2.1.3 Das Verhältnis zwischen motivieren und leisten

Kann man Menschen motivieren? Nein. Aber wie kann man dann Menschen überhaupt veranlassen zu handeln bzw. selbst aktiv zu werden?

Immer wieder wird versucht, Menschen zu motivieren, ohne sich klar zu sein, worum es hierbei geht. Denn niemand kann einen anderen Menschen motivieren, sondern der Mensch kann sich nur selbst motivieren. Das heißt, nur er selbst kann sich in Bewegung setzen, ein bestimmtes Verhalten zeigen, um (freiwillig) zu handeln – eben auch, um agil im Sinne der Führung zu sein. Insofern ist es korrekter, von „Motiviertsein" zu sprechen (siehe auch Brohm-Badry 2022, S. 61). Agile Führung kann nicht einfach durch ein System, einen Appell oder eine Anordnung erfolgen, sondern erfordert eine innere Akzeptanz der in einer Organisation verbundenen Mitglieder.

Motivation bedeutet daher grundsätzlich – auch und gerade im Kontext agiler Organisationen – das absichtsvolle Handeln der Vorgesetzten und/oder das Funktionieren von Anreizsystemen zugunsten einer Stärkung der individuellen Eigensteuerung aufzugeben (vgl. Sprenger (2014), S. 22). Führen im Sinne einer individuellen Beziehungsgestaltung meint somit zunächst, optimale Motivationsbedingungen zu schaffen. Und um diese schaffen zu können, muss die Organisation für ihre Mitglieder wiederum bestmögliche Leistungsbedingungen gestalten. Die individuelle Leistungserbringung bedeutet im Kern individuelle Sinn-Erfüllung als Werteverwirklichung in der Arbeit (zur individuellen Sinn-Erfüllung als primäre Motivation des Individuums vgl. Abschn. 3.1. Somit sind Menschen vorrangig dadurch motiviert, dass es ihnen die/der Führungsverantwortliche ermöglicht, auch im Arbeitskontext ihren individuellen Sinn zu finden (vgl. Böckmann 1990b, S. 23).

▶ Es sind persönliche Beweggründe und Orientierungen, die einen Menschen aktivieren und Handlungsimpulse geben. Es sind Werte, die in einem zukünftigen Zustand gesehen werden und für die es sich aus Sicht eines Menschen „lohnt", sich zu engagieren. Wenn also der Wert eines Zustandes – nicht nur für die Gemeinschaft, sondern auch für den einzelnen Menschen – stark und hoch genug ist, werden sich Menschen in Bewegung setzen, um auf ein Ziel hinzuarbeiten. Die Umsetzung dieser Werte zeigt sich zuerst im Mindset und dann im Handeln.

2.2 Überlegungen zu den Aspekten „being agile" und „doing agile"

„Doing agile" und „being agile" sind zwei Perspektiven, die das Spannungsfeld hinsichtlich Umsetzung und Verständnis von Agilität in Organisationen beschreiben (vgl. hierzu etwa Anantatmula und Kloppenborg 2021, S. 40 ff.; Sahota 2012, S. 6):

a) Doing agile: Diese Perspektive bezieht sich auf die praktische Anwendung agiler Tools in einem Projekt oder in einer Organisation (vgl. Abb. 2.1). Sie befasst sich mit der strukturellen Ebene und der Implementierung agiler Prozesse, um die Effizienz und die Anpassungsfähigkeit an Veränderungen zu verbessern. Dies kann beispielsweise die Implementierung von Scrum-Frameworks (Grundgerüst zum Managen von Prozessen), Kanban-Boards (Instrument zur Visualisierung von Workflows) oder regelmäßige Sprints (definierter Zeitraum) in einem Projekt umfassen. Insofern geht es um die Verwendung agiler Werkzeuge, damit die Organisation schneller auf Veränderungen reagieren kann, die Zusammenarbeit verbessert und dadurch letztlich der Kundenwert maximiert wird.

b) Being agile: Bei dieser Perspektive geht es um die Haltung (Mindset) eines Menschen, die die Grundlage für Agilität bildet. Alle Organisationsmitglieder sollen agiles Denken und Verhalten in ihren Arbeitsalltag umsetzen, indem sie es verinnerlichen und gemeinsam eine agile Kultur in der gesamten Organisation entwickeln. Agiles Denken und Handeln fußt auf dem Verständnis und der Umsetzung von agilen Prinzipien wie Zusammenarbeit, Flexibilität und kontinuierlicher Verbesserung. Damit geht „being agile" weit über die Methoden-

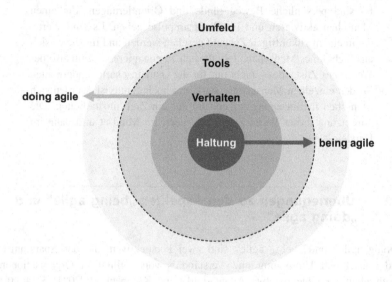

Abb. 2.1 „doing agile" vs. „being agile". (Quelle: eigene Darstellung)

und Prozessbetrachtung hinaus und bezieht sich auf die Art und Weise, wie
Entscheidungen getroffen und umgesetzt werden.

Es wird deutlich, dass ein ausschließliches „doing agile" nur in gewissem Maß
dazu beitragen kann, organisationale Agilität umzusetzen. Denn agile Kompetenzen werden nicht nur durch Strukturen und Prozesse etabliert, sondern vor allem
durch jedes einzelne Organisationsmitglied und dessen Interaktionen (organisa-
tionsintern und -extern). Die reine Fokussierung auf den Einsatz von Instrumenten
und Prozessen birgt somit das Risiko, dass die Organisationsmitglieder zwar
Tools anwenden, ihnen jedoch ein tieferes Verständnis und eine Akzeptanz für
diese Anwendung fehlt, was zu Ineffizienz führen kann. Damit „doing agile"
seine volle Wirkung entfaltet, ist es erforderlich, dass es aus einem agilen Mindset heraus erfolgt. Die Notwendigkeit der Bereitstellung von Instrumenten und
Prozessen wird um den Fokus auf die Kultur, die Werte und die Denkweise, die
Agilität ermöglicht, ergänzt. Damit wird jedoch das agile Mindset – das „being
agile" – zur Grundvoraussetzung für die erfolgreiche Entwicklung einer organisationalen Agilitätskompetenz. Eine Organisation ist erst dann als agil anzusehen,
wenn sich die Organisationsmitglieder von ihrem agilen Mindset leiten lassen

(zur Bedeutung eines agilen Mindsets vgl. etwa Sauter et al. 2018, S. 70; Fischer et al. 2017a, S. 40; zu förderlichen Rahmenbedingungen von Agilität vgl. Fischer et al. 2017b, S. 48 f.).

Hintergrundinformation
Doing und being agile haben eine außerordentlich wichtige und erfolgsgestaltende Bedeutung für Organisationen. Anders ausgedrückt: Agile Führung kann als die „Software" einer Organisation verstanden werden, die in allen Leistungsbereichen und in jeder Situation spürbar ist. Sie ist eingebettet in das gesamte Organisationskonzept, das dem gegenüber als „Hardware" bezeichnet werden kann. Doch genau wie die Hardware (etwa Maschinen oder auch Dienstleistungen) funktionsfähig sein muss, damit sie verwendet werden kann, kann diese ohne eine geeignete software nicht adäquat genutzt werden.

Software in diesem Kontext – vor allem auch die Qualifikation der Mitwirkenden, ihre Motivation und ihr werte- und sinnorientiertes Agieren, ihr Verhalten und ihre Haltung im Sinne des gesamten Organisationskonzeptes – stellt den zentralen Punkt dar, als Organisation über längere Zeit erfolgreich zu sein – oder eben nicht. Mit einer mangelhaften Organisationskonzeption kann auch Agile Führung nicht viel retten, es sei denn, die Führungsverantwortlichen sind bereit, sich für Veränderungen zu entscheiden. Dies würde aber bedeuten, ausgehend von einem Zukunftsbild die Gegenwart auf „brauchbar und nicht mehr brauchbar" zu untersuchen. Es wird auch die Frage zu beantworten sein, wo und wie Übergänge zu schaffen sind.

Um Antworten auf die Aspekte zu bekommen, können nachfolgende Konzeptionsfaktoren untersucht werden, ob sie auch werte- und sinnorientiert gestaltet sind. Organisationskonzeption und Führungskultur bilden somit ein Paar, das zusammen zu sehen ist und etwa folgende grundsätzliche Fragen aufwerfen kann:

- Welche Zukunftsperspektiven hat die Geschäftsidee (noch)?
- Inwiefern sind das Leistungsprogramm, Produkte und/oder Dienstleistungen dem Markt angepasst?
- Welche der Kernkompetenzen sind aktuell und ausreichend?
- Gibt es eine Vorstellung von der Zukunft der Organisation – wenn ja, welche?
- Wie ist das Leitbild, d. h., ist den Mitwirkenden klar, welche Orientierungen und Werte die Organisationskultur tragen?
- Wie ausgeprägt ist die Innovationsbereitschaft?
- Welche Chancen und Risiken sind mit dem Markt- und Wettbewerbsumfeld verbunden?
- Wie sieht es mit der/n Branche/n, dem Markt und dem Wettbewerb aus?

Weitere wichtige Aspekte können hierbei sein: Standort und Aktionsgebiet(e); Marketingstrategie und Vertriebsorganisation; Organisationsstruktur und Steuerung der Prozesse; Führungsstruktur und Führungskultur; Personalplan und Personalentwicklung; Technische Ausstattung und Räumlichkeiten; Rechtsform; Finanzplanung und Kapitalbedarf; Umsatz- und Rentabilitätsperspektiven; Liquiditätsplan.

Im Rahmen dieses Buches konzentrieren wir uns aufgrund der elementaren Bedeutung bewusst auf die Agile Führung und ihre Details.

2.3 Freiheit und Verantwortung als Kernaspekte und Wege der Organisationskultur

Um organisationale Agilität ganzheitlich, also auf organisationaler und persönlicher Ebene, entwickeln zu können, bedarf es einer entsprechenden Agilen Führung. Nachdem Agile Führung individuelle Beziehungsgestaltung ist und mit der Übernahme und Akzeptanz von Verantwortung einhergeht, erfordert sie, sich auf den Beteiligten einzulassen und ihn sowohl als Arbeitskraft als auch als Menschen anzuerkennen. Damit muss sie beim individuellen Mindset der Organisationsmitglieder ansetzen, nicht bei Prozessen und Strukturen.

Erfolgreiche Organisationen sind somit auf die Bereitschaft der Mitarbeitenden angewiesen, auch wirklich ein solches Mindset entwickeln zu wollen. Menschen sind daher nicht mehr ausschließlich als Mittel zum Zweck anzusehen, sondern auch als Ausgangspunkt organisationaler Agilität. Hierbei ist es jedoch wichtig zu verstehen, dass Menschen zwar (unter bestimmten Voraussetzungen) zu einem bestimmten Verhalten gezwungen werden können, welches von außen beobachtbar ist. In gleicher Weise, wie auch Motivation die Eigen- und nicht Fremdsteuerung von Menschen beschreibt, ist es jedoch nicht möglich, sie zu einer individuellen Haltung zu zwingen. Die individuelle Haltung kann nur freiwillig von jedem Menschen verändert werden, was ihren Grund in der individuellen Willensfreiheit findet. Oder anders ausgedrückt: Jeder Mensch entscheidet ganz individuell, auf welche Weise und bis zu welchem Grad er sich als ein Organisationsmitglied engagieren möchte.

Insofern rückt jedoch die individuelle Freiheit als Kernaspekt Agiler Führung in den Fokus. Wenngleich dieser Aspekt notwendig ist, ist er jedoch nicht hinreichend. Dies liegt daran, dass mit einer individuellen Entscheidung auch die Folgen einer Entscheidungsrealisierung vom Individuum zu verstehen und zu tragen sind. Neben der Freiheit kommt es somit auch auf die individuelle Verantwortung als zweiten wesentlichen Kernaspekt Agiler Führung an (Abb. 2.2; vgl. zur Bedeutung individueller Verantwortung etwa auch Eilers et al. 2018, S. 3).

▶ Das Ziel Agiler Führung ist es, eine organisationale Agilitätskompetenz zu entwickeln und zu pflegen. Agilität drückt sich dabei in agilem Handeln aus („doing"), doch kommt diese erst durch die zugrundeliegende Haltung („being") zur vollen Entfaltung. „Being" als persönliches Mindset ist somit bei möglichst allen Organisationsmitgliedern zu entwickeln und gründet sich auf die individuelle Freiheit, Entscheidungen treffen und umsetzen zu können, sowie das Bewusstsein, selbst Verantwortung für dieses Handeln zu haben.

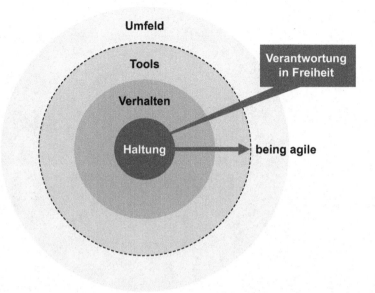

Abb. 2.2 Verantwortung in Freiheit als Kernaspekt individueller Haltung. (Quelle: eigene Darstellung)

Individuelle Freiheit und individuelle Verantwortung sind somit die zwei Kernaspekte des „being", denn Freiheit ohne Verantwortung führt zu Willkür!

Der Mensch als entscheidendes und somit verantwortliches Wesen

Um die Kernaspekte von Agiler Führung – Freiheit und Verantwortung – besser einordnen zu können, soll im Folgenden zunächst das zugrundeliegende Menschenbild nach Frankl erklärt werden. Anschließend soll das Verständnis eines Menschen als entscheidendes und verantwortliches Wesen skizziert und daran Prinzipien Agiler Führung verdeutlicht werden.

Fragen, die heute vielfach von Menschen privat und beruflich aufgeworfen werden, finden sich in diesem Themenfeld wieder: „Wozu das alles? Was soll das überhaupt? Was ist sinnvoll (und was nicht)? Wozu lohnt es sich überhaupt, sich zu engagieren?"

3.1 Sinn als stärkste Motivationskraft

Der österreichische Neurologe, Psychiater und Holocaust-Überlebende Viktor E. Frankl (1905–1997) begründete die Logotherapie und Existenzanalyse, die so genannte Dritte Wiener Schule, als sinnzentrierten Ansatz. Die drei Kernthemen des Frankl'schen Menschenbildes waren und sind bis heute: Freiheit des Willens, der Wille zum Sinn (zum Sinnvollen) und der Sinn des Lebens (verstanden als Sinn im konkreten Augenblick des je individuellen Lebens, also Sinn im Leben). „Die Frage nach dem Sinn des Lebens schlechthin ist sinnlos, wenn sie vage das Leben meint und nicht konkret „je meine Existenz"" (Frankl, 2015, S. 107). Im Gegensatz zu anderen Schulen verstand Frankl den „Willen zum Sinn" als grundlegende Motivation des Menschen, der die Kraft verleiht, sinnorientiert zu

B. Ahrendt et al., *Wege agiler Führung – mit Sinn*, essentials, https://doi.org/10.1007/978-3-662-68728-4_3

handeln. Hierbei zeichnet sich in Orientierung an Lukas (vgl. Lukas 1999, S. 21) die jeweils sinnvolle Möglichkeit dadurch aus, dass sie

- sich in einem Augenblick sehr konkret darstellt,
- das Wohl aller Beteiligten im Fokus hat und somit frei von selbstsüchtiger Motivation ist,
- mit einer überragenden Chance Positives bewirkt sowie
- dem Menschen die Kraft für die Willensanstrengung gibt, ohne dass ihre Realisierung ihn über- oder unterfordert.

Insofern kann auch zwischen einer Sinnorientierung und einer -zentrierung unterschieden werden: Während die Sinnorientierung den Fokus auf das Suchen legt („Ich suche die sinnvolle Möglichkeit"), betont die Sinnzentrierung das Finden („Ich finde die sinnvolle Möglichkeit"/„Ich habe die sinnvolle Möglichkeit gefunden"). So oder so – gerade ein Mangel an Motivation wird dann deutlich, wenn Mitwirkende in Organisationen – zumeist unausgesprochen – solche Fragen stellen: „Wozu soll ich mich eigentlich voll einsetzen, wenn mir nicht klar ist, wozu das gut sein wird?" oder „Was habe ich denn davon?" oder auch „Was soll denn da bewirkt werden, welche Gestaltungskraft habe ich überhaupt?".

▶ Wir sollten uns darüber klar sein, dass das Menschenbild, also wie wir den Menschen in seiner Wesenheit verstehen, im organisatorischen Gestaltungsprozess grundlegend ist. Methoden und Tools, die wir im täglichen Arbeitsgeschehen einsetzen, und das Verhalten von Organisationsmitgliedern folgen einem solchen Menschenbild. Die charakteristischen Elemente des Frankl'schen Menschenbildes verdeutlichen, dass die genuin menschliche Motivation im „Willen zum Sinn" liegt. Dieser Wille zum „Sinnvollen" ist somit die stärkste Motivationskraft. Diese Kraft wirkt – auch in Organisationen – wie ein Laser, indem es die Energie der Menschen bündelt und für sinnvolle Ziele einsetzt. Geschieht dies nicht, besteht die Gefahr, dass die Energie, statt sie gezielt zu bündeln, zerstreut bleibt und für die Organisation im ungünstigsten Fall nicht mehr in einem erforderlichen Maße genutzt werden kann.

3.2 Drei Dimensionen des Menschen

Viktor E. Frankl hat als Menschenbild wissenschaftlich begründet aufgezeigt (vgl. Batthyány und Guttmann, 2006), dass der Mensch nicht nur physische und seelische Dimensionen repräsentiert, sondern auch eine geistige Dimension sein Wesentliches ist (zu den drei Dimensionen vgl. auch Lukas, 2014, S. 14–17). Darunter wird auch die Personale Instanz verstanden. Das bedeutet, dass Menschen freie Willensentscheidungen treffen können und die Fähigkeit haben, Stellung zu nehmen und bewerten zu können. Sie können in der Folge entscheiden, so oder anders zu handeln, sie können etwas bejahen oder sich davon distanzieren. Hierbei ist das, was wir gemeinhin als Gewissen bezeichnen, ebenfalls in der geistigen Ebene verankert.

Viktor E. Frankl setzte sich mit der Frage auseinander, was den Menschen grundsätzlich von allen anderen Lebewesen unterscheidet, und „entdeckte", dass er mehr als nur Körper und Psyche haben muss, wenn er als einziges uns bekanntes Lebewesen die Frage nach Gott stellt oder künstlerisch (schöpferisch) tätig ist. All das, was insofern den Menschen von anderen Lebewesen unterscheidet, ordnete er – neben Körper und Psyche als zwei Dimensionen – einer dritten Dimension zu, die er als „geistige Dimension" bezeichnete. Da diese Dimension nur dem Menschen zugeordnet werden kann, ist sie aus seiner Sicht somit auch die „humane" Dimension, während der Körper und die Psyche, über die auch Tiere verfügen, nicht weniger wichtig, gleichwohl unterhalb der menschlichen Dimension und daher „subhuman" sind. Insofern kann gesagt werden: der Mensch agiert und ein Tier re-agiert.

Frankl ordnete dieser humanen Dimension – es bedeutet, dass der Mensch geistige Person *ist,* die einen Körper und eine Psyche *hat* – auch die Willensfreiheit zu und somit die Fähigkeit, Stellung zu jemanden oder etwas zu nehmen und bewerten zu können. Insofern kann jeder Mensch, sofern er bei vollem Bewusstsein ist, auch entscheiden, auf eine bestimmte Art zu handeln, etwas zu bejahen oder sich von etwas oder jemanden zu distanzieren.

Und das Gewissen? Es ist sozusagen ein „Instrument", das es dem Menschen ermöglicht zu erkennen, was in einem konkreten Augenblick jeweils die sinnvolle Möglichkeit ist, die gerade „not-wendig" ist, verwirklicht zu werden. Ob ein Mensch dieser „Stimme" folgt, ist eine andere Frage. Das Gewissen reicht als die intuitive Instanz über das Bewusstsein des Menschen hinaus, auf das, was noch nicht ist, aber was sein soll. Es ist als ein Kompass zu verstehen. Frankl spricht hier von der „Stimme der Transzendenz", die uns in der jeweils aktuellen Situation als Wegweiser dient.

▶   Auf Grundlage des Frankl'schen Menschenbildes gelten Mitwirkende in Organisationen als entscheidende und verantwortliche Wesen. Die stärkste Motivationskraft ist der Wille zum Sinn und kommt somit von innen heraus. Neben der physischen und psychischen Dimension besitzen Menschen auch eine geistige Ebene, wo auch das eigene Gewissen zu verorten ist.

So ist die Personale Instanz Ausgangspunkt der Bewertenden Instanz, woraus wiederum die Entscheidende Instanz resultiert. Daraus folgt, dass Menschen ihr Leben verantwortlich gestalten und auf diese Weise an der Gestaltung auch ihres Umfeldes immer mehr oder weniger aktiv mitwirken.

▶   Leben verantwortlich zu gestalten, ob in einer Organisation oder im Privaten, heißt also, an einer konstruktiven Weiterentwicklung beteiligt zu sein. Die Verantwortung gegenüber Werten und Sinn liegt beim Menschen und kann nicht delegiert werden. Damit wird jeder Mensch als entscheidendes und verantwortliches Wesen zum Dreh- und Angelpunkt für Gestaltung in seiner Mitwelt.

Frankl machte im Zusammenhang mit Freiheit und Lebensgestaltung – wir können hier auch die Arbeitsgestaltung einbeziehen – deutlich: Nicht die Bedingungen machen unser Leben aus, sondern die Entscheidungen, die wir treffen und wie wir mit den Bedingungen umgehen, was wir daraus machen. Wir können uns immer entscheiden: so oder anders.

3.3   Der menschliche Entscheidungsprozess

In der folgenden Abbildung wird der Prozess skizziert und beschrieben, in welchem jeder Mensch – als ein urteilendes, entscheidendes, verantwortliches Wesen – und somit als ein entschiedenes Wesen in jedem Augenblick steckt (vgl. Abb. 3.1).

Auf einen Menschen kommen in jedem Augenblick Impulse und Informationen, Fragen, Botschaften, Aufgaben zu. Zu diesem „Empfangenen" erfolgt sofort eine innere Stellungnahme. In dieser Stellungnahme ist immer eine Wertung, also ein Wert-Urteil enthalten. Wert-Urteile bestimmen Entscheidungen und folgend die Handlungen. Dem Menschen ist es nicht möglich, wertefreie Stellungnahmen vorzunehmen und wertefreie Entscheidungen zu treffen.

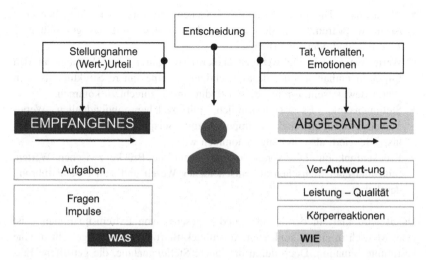

Abb. 3.1 Der Mensch als entscheidendes und entschiedenes Wesen. (Quelle: eigene Darstellung)

Aufgrund der Stellungnahme erfolgt eine Entscheidung. Insofern ist die Tatsache, keine Entscheidung zu treffen auch eine Entscheidung, nämlich sich eben nicht zu entscheiden, was ja wiederum auch Folgen hat (zur Bedeutung eines guten Sich-Entscheiden-Könnens vgl. auch Kap. 5). Dieser Entscheidung folgen ein Verhalten und auch Emotionen. Das Verhalten wird zum abgesandten Inhalt, der auch von anderen Menschen erkannt wird, da er sie auch direkt betreffen kann.

Was nun ein Mensch aus diesem Prozess absendet, ist seine gelebte Verantwortung. Er gibt sozusagen Antwort auf das, was er empfangen hat – und diese Antwort ist frei gewählt, basierend auf seiner persönlichen Haltung. So können wir diese Antwort auch als Leistung oder Qualität des je einzelnen Menschen erkennen. Im organisationalen Kontext sehen wir darin seine Bereitschaft sich in das gesamte Gefüge einzubringen, sowie die Ziele und Strategien im Sinne einer (nämlich seiner) Agilität zu verfolgen und nachhaltig zu realisieren.

Insofern können einige wesentliche Aspekte für Agile Führung in Bezug auf Freiheit und Verantwortung abgeleitet werden:

- Wozu-Frage: Die Frage beim Empfangenen (Informationen, Aufgaben etc.) ist nicht „warum" soll das sein, sondern „wozu" soll das gut, nützlich, zielerreichend oder förderlich sein?

- Werte-Bewusstsein: Je weniger (äußere) Strukturen und Vorgaben in den Impulsen enthalten sind, desto wichtiger ist eine innere Struktur, also ein Werte-Bewusstsein, um mit diesen Bedingungen zurecht zu kommen.

- Stellungnahme: Es ist wesentlich, mit welchem individuellen Werte-Verständnis auf die äußeren Impulse (zum Beispiel auch die Marktverhältnisse) reagiert, also Stellung genommen wird.

- Brückenfunktion: Die Verantwortung macht die Brücke zwischen Werten, Sinn und dem Menschen als entscheidendes Wesen und seiner Selbstführung deutlich.

Damit wird klar: In der Regel – und abgesehen von Extremsituationen – ist jeder Mensch in einem konkreten Augenblick Betroffener, hineingestellt in eine bestimmte Situation. Doch durch die innere Stellungnahme, die getroffene Entscheidung und folgende Handlung entwickelt er sich zum Mitgestalter dieser Situation.

Being – Freiraum bewusst wahrnehmen: Gemeinsam Spielregeln setzen

4

4.1 Die Organisation als eine Gemeinschaft

4.1.1 Resonanz und Wirkungen in einer Gemeinschaft

Sofern ein Mensch sich für eine Möglichkeit entscheidet und sie umsetzt, kommt es zu einem Austausch mit seiner Mitwelt. Er realisiert auf der einen Seite einen Wert, was die Beziehung dieses Menschen zu seiner Mitwelt entsprechend bereichert. Auf der anderen Seite erhält der Mensch aus seiner Mitwelt immer wieder etwas, was im besten Fall ebenfalls sinnvoll ist. Ein solcher beide Seiten sinnvoll bereichernder Austausch kann auch aus Resonanz bezeichnet werden.

Gemäß Rosa (2016) ist Resonanz kein emotionaler Zustand, sondern ein Beziehungsmodus, spezifischer formuliert: Resonanz ist eine Antwortbeziehung. „Sie setzt voraus, dass beide Seiten mit eigener Stimme sprechen, und dies ist nur dort möglich, wo starke Wertungen berührt werden" (S. 298). Das Resonanzphänomen geht über ein Echo, also über eine reine Wiedergabe oder Spiegelung hinaus: Resonanzreaktionen beinhalten immer auch das Zugeben von etwas Eigenem.

Was unser Miteinander als Menschen ausmacht, ist die Bereitschaft, in Resonanz zu gehen, sich anrühren zu lassen. Das daraus folgende Handeln ist eine Erfahrung von Selbstwirksamkeit. Es geht einerseits darum, sich selbst zu öffnen, persönliche Werte zum Ausdruck zu bringen und diese zu verwirklichen. Und es geht andererseits darum, sich bewusst auf ein Gegenüber einzulassen und ihm zuzuhören. Das gilt im privaten wie auch im beruflichen Umfeld. Das schlimmste Erleben ist demnach nicht, schlechte Resonanz zu erleben, sondern gar keine (Bauer, 2019). Das passiert zum Beispiel dann, wenn wir wie Luft behandelt oder derart verachtet werden, weil es jemandem nicht wert ist, Zeit für uns aufzubringen. Die Verweigerung, also die gänzliche Nichtbeachtung eines anderen Menschen, ist pures Gift für unsere eigene Gesundheit und für das gesunde Miteinander.

Sofern jeder Mensch sich daher sinnvoll einsetzt, entsteht ein lebendiger Austausch zwischen Individuum und Mitwelt, der auch auf Organisationen übertragen werden kann. Agile Führung als Beziehungsgestaltung fördert dieses Resonanzerleben im organisationalen Kontext. Führungsverantwortliche schaffen eine Atmosphäre und ein Umfeld, in dem es Individuen möglich ist, sich zu öffnen, achtsam zuzuhören und sich auf das Gegenüber einzulassen. Aus den einzelnen Individuen, die beziehungslos nebeneinander arbeiten, entwickelt sich durch Realisierung des jeweils Sinnvollen eine Gemeinschaft, in der sich jeder Mensch mit seiner Einzigartigkeit und Einmaligkeit einbringen kann und soll.

▶ **Wichtig**
Durch die Realisierung, also die Umsetzung von Werten kommt es in einer Gemeinschaft in Bezug auf die organisationale Leistungserbringung zu einem Mit- und Füreinander. „Der Sinn der Gemeinschaft wird durch Individualität konstituiert und der Sinn der Individualität durch Gemeinschaft…" (Frankl, 2015, S. 126). So, wie jede Gemeinschaft auf die Individuen angewiesen ist, braucht jedes Individuum die Gemeinschaft.

Kommt es demgegenüber zur Realisierung von solchen Aspekten, die das Positive in der Welt mindern und/oder Negatives vermehren, stehen sie den Werten diametral gegenüber, so dass sie auch als „Widerwerte" oder „Unwerte" bezeichnet werden sollten. In einem solchen Fall sind die Menschen nicht mehr füreinander da, sondern jeder denkt zunächst einmal an sich (frei nach dem Motto: „Wenn jeder an sich denkt, ist an alle gedacht!"), so dass es zu einem möglicherweise konfliktträchtigen Neben- und Gegeneinander kommt (vgl. Abb. 4.1).

Die Mitglieder einer Organisation, allen voran die Führungsverantwortlichen, müssen sich daher entscheiden, ob sie ein Mit- und Füreinander oder ein Neben- und Gegeneinander etablieren möchten. Überwiegt die Umsetzung von Unwerten in der Organisation, wird das Neben- und Gegeneinander gefördert. Der Mensch wird auf seine austauschbare Arbeitskraft reduziert, die einzelnen Bereiche degenerieren zu Einheiten, die ihre jeweiligen Teilaufgaben erledigen, ohne die anderen Bereiche besonders zu berücksichtigen. Mit anderen Worten entwickeln sich diese Bereiche zu voneinander abgeteilten Einheiten, die nicht mehr die organisationale Gesamtaufgabe im Blick haben – zu „Abteilungen" eben.

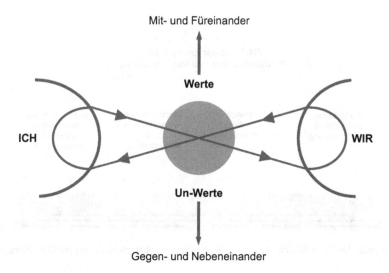

Abb. 4.1 Bedeutung der Werte für eine Gemeinschaft. (Quelle: eigene Darstellung)

Dem gegenüber besteht durch die Realisierung von Werten die Chance, dass sich die Organisation zu einer Gemeinschaft entwickelt, die aus Personen besteht, die sich in Freiheit und Verantwortung für das Wohl „ihrer" Organisation einsetzen. In einem solchen Fall kommt dem Engagement des einzelnen für die Gemeinschaft eine hohe Bedeutung zu und zeigt sich in der Leistung, die jemand bereit ist, für die Gemeinschaft zu erbringen, und umgekehrt. Insofern mag die Arbeitskraft eines Menschen ersetzbar sein, nicht aber der Mensch an sich mit seiner Arbeitsleistung. Entsprechend besteht die Gemeinschaft aus Leistungsbereichen, die jeweils Teilaufgaben übernehmen und mit Blick auf die organisationale Gesamtaufgabe mit den anderen Leistungsbereichen aktiv abstimmen. In diesem Fall können wir von einer Werte-Gemeinschaft sprechen.

4.1.2 Säulen einer Werte-Gemeinschaft

Eine solche Werte-Gemeinschaft, die auf gemeinsam geteilten und gelebten Werten aufbaut, achtet für ihren nachhaltigen (auch wirtschaftlichen) Erfolg auf vier starke Säulen – ein Erfolg, der nicht nur auf Professionalität, sondern auch auf Menschlichkeit basiert (vgl. Abb. 4.2):

Abb. 4.2 Das Vier-Säulen-Modell der Werte-Gemeinschaft. (Quelle: eigene Darstellung)

1. Individuelle Sinnfindung durch Werteverwirklichung: Die Werte-Gemeinschaft versucht stets, ihren Mitgliedern einen Rahmen zu schaffen, in welchem die individuelle Sinnfindung möglich ist.
2. Leistungskultur durch Vertrauenskultur: Die Werte-Gemeinschaft steht für eine Kultur, die auf Vertrauen basiert. Hierbei kann die Bereitschaft eines Menschen, Vertrauen zu anderen aufzubauen, von vielen Faktoren abhängen, etwa von den bisherigen Lebenserfahrungen, von der Reaktion der anderen, vom Willen zum Sinn und/oder vom Vertrauen in das Leben allgemein. Wichtig ist hierbei allerdings, dass Vertrauen immer auch eine Entscheidung ist, die ein Mensch bewusst oder unbewusst trifft. Insofern ist sie eine Folge der individuellen Willensfreiheit und setzt voraus, dass sich jeder Mensch in jedem Augenblick „nicht nur so, sondern immer auch anders" entscheiden kann. Doch gerade deswegen bringt die Organisation ihren Mitgliedern jenes Vertrauen entgegen, welches erforderlich ist, dass Individuen sich freiwillig entscheiden, sich zu engagieren, indem sie ihre individuelle Leistung in die Gemeinschaft einbringen.
3. Organisationale Gemeinschaft durch Mit-Gestaltende: In einer solchen Werte-Gemeinschaft werden alle Mitglieder als Mit-Gestaltende der Gemeinschaft angesehen, die bereit und in der Lage sind, sich für „ihre" Organisation einzusetzen, indem sie mitdenken und ggf. auch mal „die Extra-Meile" bereit

sind zu gehen. Es sei betont, dass eine solche Vorgehensweise nicht dazu führen darf, dass Organisationen ihre Mitglieder manipulieren, um entsprechende Leistungen zu erhalten. In einem solchen Fall würde es sich nicht mehr um eine Werte-Gemeinschaft handeln.

4. Ordnung durch Struktur- und Prozessorganisation: Die Werte-Gemeinschaft gestaltet ihre Strukturen und Prozesse in einem solchen Maße, wie sie mit Blick auf alle Stakeholder förderlich und wertvoll sind.

Um aus den einzelnen Organisationsmitgliedern eine Gemeinschaft zu entwickeln, kommt somit der bewussten Entwicklung von organisationalen Werten eine entscheidende Bedeutung zu: Gelebte Werte werden zum Fundament von Organisationen, das heißt einer Werte-Gemeinschaft. Der Gemeinschaftsgeist trägt eine Organisation damit auch durch schwierige Zeiten.

Hintergrundinformation
Insgesamt kann festgestellt werden: Die bewusste Auseinandersetzung mit Wertefragen wird zunehmend entscheidend, nicht nur im Konzept der Agilen Führung im Verhältnis der Mitarbeitenden, sondern für das gesamte Organisationskonzept und die Organisationskultur – nach innen und nach außen. Werte respektive Wertefragen sind in jeder Organisation in allen Leistungsbereichen stets vorhanden. Dominiert somit in den Leistungsbereichen eine Werte- und Sinnorientierung, verbinden die gelebten Werte alle Bereiche wie eine Achse miteinander.
Insofern verwundert es auch nicht, dass werteorientierte Aspekte im Rahmen betriebswirtschaftlicher Betrachtungen von Bedeutung sind. So hatte im Marketing etwa schon Rosser Reeves in seinem Bestseller „Werbung ohne Mythos – Reality in Advertising" (1963) einen neuen Begriff formuliert, der einen Wertebezug ausdrückt: Unique Selling Proposition oder Unique Selling Point (kurz USP), welcher ein Alleinstellungsmerkmal in Bezug auf die Einzigartigkeit eines Produktes, einer Dienstleistung oder einer Organisation insgesamt bezeichnet. Und auch Kern (1993) weist mit seinem Konzept des „Ökosophischen Management" auf eine erforderliche Werteorientierung in Organisationen hin.

4.2 Werte als das organisationale Fundament

4.2.1 Werte als Möglichkeiten zur Sinnverwirklichung

Die stärkste Motivation des Menschen liegt in seinem Willen zum Sinn. Doch wie können Mitglieder einer Organisation Sinn entdecken und ihren Alltag danach ausrichten? Basierend auf logotherapeutischen Grundlagen können Werte als Möglichkeiten zur Sinnverwirklichung verstanden werden. Werte stellen – aufbauend auf der Definition der jeweils sinnvollen Möglichkeit (vgl.

Werte-Kategorien	Beispiele	Fähigkeiten	Essenz
Schöpferische Werte	Werke, Produkte, Dienstleistungen, Innovationen, Aufgabe, Produktivität	Leistungs- / Arbeitsfähigkeit	Nicht das WAS ist entscheidend, sondern WIE der Mensch seine Aufgabe erfüllt
Erlebniswerte	Ästhetik, Kunst, Team, Gruppe, Gemeinschaft, Liebe, Wahrheit, Naturerlebnis, Hingabe an eine Aufgabe	Erlebnis- / Liebesfähigkeit	Etwas oder jemanden Erleben in seiner ganzen Einmaligkeit und Einzigartigkeit
Einstellungswerte	Haltung und Einstellung zu unausweichlichen Schicksalsschlägen, Würde im Ertragen von Unabänderlichkeiten, Haltung der Tapferkeit	Leidensfähigkeit	Transformation von Leid in Leistung durch das WIE des Ertragens

Abb. 4.3 Die Werte-Kategorien. (Quelle: eigene Darstellung)

Abschn. 2.1.1) – „Sinnuniversalien" dar, die das Positive in der Welt vermehren. Wird demgegenüber das Positive gemindert und/oder Negatives in der Welt vermehrt, sollte entsprechend von „Unwerten" gesprochen werden. Während Werte Menschen eine grundlegende Orientierung bei Entscheidungen und über längere Zeit hinweg geben, wird Sinn immer nur in einer konkreten Situation und in einem bestimmten Augenblick verwirklicht.

Es können drei Kategorien von Werten unterschieden werden: schöpferische Werte, Erlebniswerte und Einstellungswerte (vgl. Abb. 4.3).

1. **Schöpferische Werte** beziehen sich auf die aktive Gestaltung von etwas, z. B. ein Werk schaffen, einen Artikel schreiben oder ein Event organisieren. Im Kern geht es um die kreative Leistung und die damit verbundene Arbeitsfähigkeit. Hierbei ist zu beachten, dass neben dem WAS vor allem das WIE (also wie der Mensch seine Aufgabe erfüllt) entscheidend ist.
2. **Erlebniswerte** betreffen das Eintauchen in eine Erfahrung wie die Natur, ein Konzert oder die Tiefe einer Beziehung. Im Fokus steht die Erlebnis- bzw. Liebesfähigkeit. Es geht darum, etwas oder jemanden in seiner ganzen Einmaligkeit und Einzigartigkeit zu erleben.
3. **Einstellungswerte** kommen dann ins Spiel, wenn die beiden anderen Wertekategorien im gegebenen Moment nicht anwendbar sind, aber die Freiheit des Einzelnen genutzt wird, seine persönliche Einstellung zu dieser Situation zu ändern. Hierbei geht es vor allem um die Leidensfähigkeit eines Menschen, die sich in seiner Einstellung zu unausweichlichen Schicksalsschlägen oder in der Würde im Ertragen von Unabänderlichem zeigen kann. Im Kern steht die Transformation von Leid in Leistung durch das WIE des Ertragens.

Es ist wichtig zu beachten, dass sich die Werte-Kategorie nicht ausschließen. Vielmehr ist es mit Blick auf ein Wert-gefülltes Leben immer ratsam, mehrere Wertequellen im eigenen Leben zu haben – und nicht nur eine. Dies gilt vor allem, wenn wir an Rückschläge oder Enttäuschungen denken, die eine bestimmte Sinnquelle zerstören, während andere noch verfügbar sind. Der Sinn in einem Augenblick zeigt schließlich auf, welcher der Werte gerade „an der Reihe" ist, um Positives in der Welt zu bewirken.

▶ Werte gelten als Möglichkeiten zur Sinnverwirklichung. Hierbei können drei Arten von Werten unterschieden werden: Schöpferische Werte, Erlebnis- und Einstellungswerte, wobei jeder Mensch für sich zentrale Werte innehat. Grundsätzlich ist es ratsam, das eigene Leben – beruflich wie auch privat – nicht nur nach einem zentralen Wert auszurichten, sondern aus unterschiedlichen Quellen Sinn zu schöpfen. Die Adaption für die Arbeitswelt ist Grundlage für Agile Führung, da flexibel auf äußere Umstände und Veränderungen eingegangen werden kann.

4.2.2 Motivationsquellen in einer Organisation

Die Werte-Kategorien als Möglichkeiten zur Sinnverwirklichung können ebenso im organisationalen Kontext angewandt werden (siehe Böckmann, 1987, S. 195). Das bedeutet zunächst, dass Mitglieder einer Organisation durch unterschiedliche Werte Motivation für ihre Tätigkeit finden können – welche dies im Einzelnen sind, ist ganz individuell. Jedoch ist das gemeinsame Verständnis von zugrunde liegenden Werten innerhalb der Organisation wie auch die bewusste Umsetzung dieser ein Erfolgsfaktor von Agiler Führung mit Sinn.

Wenn wir die Werte-Kategorien auf Organisationen übertragen, geht es insbesondere um folgende grundlegende Werte (vgl. Abb. 4.4):

a. **Kreativ produktive Werte:** Solche Werte werden realisiert, indem etwas Wertvolles/Sinnvolles getan oder geschaffen wird, wenn sich jemand z. B. einer kreativen Herausforderung widmet, ein Produkt erfindet bzw. weiterentwickelt oder ein Projekt leitet (Verwirklichung kreativer Werte). Dazu gehören auch Dispositionsspielraum, Selbstkontrolle und Verantwortung für Sachen und Personen.

Abb. 4.4 Werte in Organisationen. (Quelle: eigene Darstellung)

b. **Soziale Erlebniswerte:** Diese Werte werden umgesetzt, indem Menschen etwas oder jemanden als sinnvoll erleben, z. B. Solidarität im Kollegenkreis erfahren, Vertrauen und Anerkennung genießen oder Unterstützung in einer schwierigen Situation erhalten (Verwirklichung von Erfahrungswerten). Auch das Verhältnis zur Führungskraft, Mitbestimmung und kreatives, innovatives Klima spielen eine nicht zu unterschätzende Rolle.

c. **Einstellungswerte:** Einstellungswerte kommen zum Tragen, sofern eine Situation durch das Organisationsmitglied nicht geändert werden kann. Diese Kategorie ist von großer Bedeutung, wenn es um die Einstellung zur eigenen Aufgabe oder den produzierten Produkten und Dienstleistungen geht, auch um die Einstellung zu anderen Meinungen und der Zusammenarbeit. Hierbei kann es sich sowohl um negativ Wahrgenommenes, positiv Wahrgenommenes als auch um ideelle Werte handeln.

– **Negativ Wahrgenommenes** (= Leidvolles, Belastendes): In einer solchen Situation wird etwas als unangenehm empfunden, z. B. die Akzeptanz wirtschaftlicher Instabilität oder gesellschaftlicher Spannungen, aber auch die Arbeitsbedingungen, das unangemessene Entgelt.

– **Positiv Wahrgenommenes** (= Gutes, Wertvolles, Chancenreiches): Hierbei wird etwas bewusst als zuträglich und akzeptabel empfunden und nicht nur als Selbstverständlichkeit zur Kenntnis genommen, etwa das adäquate Entgelt, die Arbeitsbedingungen und das vorfindliche Teamklima.

– **Ideelle Werte:** Es wird oft übersehen, dass Gefühle, die der geistigen Dimension des Menschen entspringen (etwa Liebe und Freundschaft), oder Glaubensinhalte für die Motivation bei Personen sehr grundlegend sind. Sie zu kritisieren oder zu karikieren wird schnell als persönlicher Angriff, als

Verunglimpfung empfunden und wirkt damit sehr störend auf das Arbeits-
klima und die individuelle Leistung. Deswegen sind hier Toleranz und
Respekt angebracht.

▶   Es sei angemerkt, dass neben diesen Werte-Kategorien auch weitere
    Aspekte die individuelle Leistungserbringung beeinflussen können,
    wenn sie für das Organisationsmitglied wichtig sind. Dazu gehören
    psychophysische Faktoren, etwa die Qualität des Arbeitsplatzes, das
    Raumklima, die Farbgestaltung, oder/und die Hygiene, genauso dazu
    wie materielle Aspekte, die die Arbeitsleistung honorieren.

Häufig ziehen Organisationsmitglieder ihre individuelle Motivation vor allem aus
den ersten beiden Kategorien (vgl. auch Böckmann, 1987, S. 197), also aus
kreativen und Erfahrungswerten. Nachdem im Zusammenwirken von Menschen,
so auch im organisationalen Geschehen, gerade die sozialen Erlebniswerte eine
bedeutende Rolle spielen, seien hier noch ein paar Beispiele genannt: Würde der
Person achten und Gerechtigkeit; Freiheitliche Selbstgestaltung zur Kreativität;
Verantwortung und Toleranz, Wertschätzung und Achtung der Andersartigkeit;
Wahrheit und Ehrlichkeit pflegen; Mitsprache und Entscheidungskraft fördern;
Fairness und Verzicht auf Vergeltung; Offenheit und Zuverlässigkeit demons-
trieren; Mut und Tatkraft; Disziplin und Sorgfalt leben; Vertrauen und Verbind-
lichkeit; Dankbarkeit zeigen; Soziales Mit- und Füreinander. Dazu gehören aber
auch Themenbereiche unserer gesamten Umwelt: Reine Luft, Sauberes Wasser,
Fruchtbare Böden, Umwelt- und zukunftsverträgliche Energien, sozialverträgliche
Arbeitsbedingungen.

4.2.3 Freier Gestaltungsraum und äußere Rahmenbedingungen

Agile Führung bedingt eine beidseitige Fokussierung auf Werte einerseits und
Rahmenbedingungen andererseits (u. a. Markt, Umfeld, Bevölkerung, Gesetze).
Was Werte als Möglichkeiten zur Sinnverwirklichung einzelner Mitglieder einer
Organisation betrifft, ist es wichtig für Führungsverantwortliche zu verstehen,
dass Sinn nicht von außen „gegeben" werden kann. Manche versuchen, einen
Sinn zu vermitteln, indem sie ihre Sinnsicht beschreiben und dem Mitarbeiten-
den ermöglichen, diese zu akzeptieren. Eine individuelle Sinnquelle ist hiermit
aber immer noch nicht beim Mitarbeitenden erreicht worden. Erst wenn es einer
Führungsperson gelingt, Bedingungen zu schaffen, dass der Mitwirkende einen

Sinn für sich selbst erkennen kann, ist die tiefe Quelle von Motivation gegeben. Auf dieser Grundlage speist sich die Werteorientierung als Maßstab der Selbstorganisation – ein zentraler Bestandteil Agiler Führung.

Gerade mit Blick auf die Rahmenbedingungen gilt, dass etwas nur dann sinnvoll sein kann, sofern es im Rahmen der Möglichkeiten auch realisierbar ist. Sinnerfahrungen entstehen immer im Vollzug, also im konkreten Tun, und nicht im darüber reden oder sich Gedanken machen. Hierbei ist es hilfreich, die eigenen Handlungsoptionen anhand von freien und schicksalhaften Bereichen zu verdeutlichen.

Freie Bereiche eines Individuums bezeichnen jene Bereiche im Leben (und damit auch innerhalb einer Organisation), auf die wir einen direkten Einfluss haben. In freien Bereichen haben wir die Möglichkeit, aktiv zu handeln und eine Veränderung oder Weiterentwicklung zu gestalten. Es liegt an uns und unseren Entscheidungen, etwas in die Realität umzusetzen. Schicksalhafte Bereiche wiederum beziehen sich auf solche Bereiche im Leben, auf die wir keinen Einfluss (mehr) haben. Das können zum einen Entscheidungen oder Handlungen sein, die bereits in der Vergangenheit liegen. Selbst wenn wir es uns manchmal wünschen, können wir hier keinen Einfluss mehr ausüben. Zum anderen können es Aspekte sein, auf die wir jetzt und heute keinen direkten Einfluss haben – seien es die merkwürdigen Charaktereigenschaften meines Kollegen im Kleinen oder Gesetze und Regulatorik in bestimmten Märkten im Großen.

Tätig werden können Menschen demnach in ihren so genannten freien Bereichen, also immer dann, wenn sie selbst eine Veränderung oder Maßnahme vornehmen können. Dabei kommt es nicht darauf an, wie vermeintlich groß oder klein diese Veränderung ist, sondern darauf, dass man einen tatsächlichen Gestaltungsspielraum hat. In einer Organisation können Mitarbeitende zum Beispiel bewusst die Kommunikation untereinander steuern, ebenso wie sie gemeinsam Regeln für Meetings entwickeln und umsetzen können.

Schicksalhafte Bereiche umfassen somit Möglichkeiten, Tatsachen und Vorgänge, auf die wir keinen Zugriff und somit keine eigene Gestaltungskraft (mehr) haben. Es können externe Gegebenheiten sein wie das Klima, Gesetze oder die derzeitige Lage am Arbeitsmarkt, auf die wir zum aktuellen Zeitpunkt keinen direkten Einfluss haben. Jedoch, und dies ist für Führung sehr bedeutend: Wenngleich Menschen nicht immer die Möglichkeit haben, die äußeren Umstände zu ändern, so haben sie immer die geistige Freiheit, ihre Einstellung dazu zu ändern. Das bedeutet: Menschen können nicht *in* ihrem schicksalhaften Bereich aktiv sein, aber *ihm gegenüber* aktiv sein. Auch für Mitarbeitende in einem organisationalen Kontext bedeutet dies, die Umstände zu akzeptieren, die eigene Haltung dazu zu ändern und – trotzdem bzw. gerade deshalb – tätig zu werden. Dieser

Perspektivwechsel liegt im Menschenbild Frankls begründet, demnach Menschen immer frei sind, Stellung zu beziehen und eine Entscheidung zu treffen.

4.3 Spielregeln als bewusst gestaltete und gelebte Werteorientierung

4.3.1 Klarheit für ein wirkungsvolles Miteinander

Wer kennt sie nicht, die Spielregeln? Ob Monopoly, Schach oder Basketball – wenn Menschen (zum Spielen) zusammenkommen, entwickeln sich Vorgaben (als Orientierungen), auf welche Weise sie miteinander umgehen wollen und sollen. Ohne solche Spielregeln könnten etwa die Tore beim Handball unterschiedlich groß ausfallen, das Netz beim Volleyball in verschiedenen Höhen angebracht sein oder ein Fußballspiel nicht über 90 min gehen. Insofern dienen Spielregeln dazu, das Spiel

- zu beschreiben, damit es für die Beteiligten überhaupt spielbar ist,
- von anderen Spielen abzugrenzen sowie
- bei Zuwiderhandlungen auch Konsequenzen zu verdeutlichen und Sanktionen zu verhängen.

Und genau diese Funktion übernehmen auch Werte, die in Organisationen gelebt werden. Gelebt – und nicht nur per Leitbild vorgegeben oder optisch in glanzvollen Broschüren dargestellt.

Werte werden in allen Organisationen (auch unbewusst, aber wirkend) gelebt. Um sie jedoch aktiv zu gestalten, bedarf es ihrer Bewusstmachung für alle Organisationsmitglieder. Nur dann besteht aus Sicht der Organisation die Chance, dass sich alle Mitglieder an diese Werte halten und sie auch im Arbeitskontext umsetzen, also mit Leben füllen.

►In jeder Organisation gibt es Werte, wobei die bewusst gestalteten und gelebten Werte im Folgenden als „Spielregeln" bezeichnet werden. Insofern handelt es sich bei Spielregeln um gemeinsam vereinbarte Vorgaben, die den grundsätzlichen Ablauf in einer Organisation klärt und Verstöße regelt, so dass auch adäquate Sanktionen zu den Spielregeln zählen. Spielregeln bilden den Rahmen, innerhalb dem jedes Mitglied handeln kann und soll. Sie können verschriftlicht werden oder lediglich mündlich vorhanden sein.

Jedes Mitglied – unabhängig von seiner Funktion oder hierarchischen Einordnung – ist dazu angehalten, die Spielregeln seiner Organisation einzuhalten. Insofern betonen die Spielregeln das Verbindende aller Leistungsbereiche einer Organisation, sodass die Chance besteht, dass die Mitglieder über die Teams, Abteilungen und Bereiche hinaus ein „Wir-Gefühl" entwickeln. Auf diese Weise bilden die Spielregeln ein starkes Fundament, auf dem eine stabile Organisation, also eine Werte-Gemeinschaft, aufgebaut werden kann.

Spielregeln kümmern sich zunächst um das grundsätzliche Miteinander. Auf sie können sich alle Mitspielende beziehen, wenn Meinungsverschiedenheiten auftreten, so dass sie für dieses Miteinander förderlich sind. Im Organisationskontext besteht ferner die Chance, dass sie nicht durch einige Wenige vorgegeben, sondern von allen Menschen, die am Organisations- und Leistungsprozess beteiligt sind, gemeinsam entwickelt und beschlossen werden. Das führt dazu, dass (weitestgehende) Einigkeit über die Art und Weise besteht, wie alle zusammenarbeiten und sich durch Einhaltung dieser Regeln für die Organisation einsetzen möchten.

Grundsätzlich gilt, dass alle Organisationsmitglieder sich an die vorhandenen Spielregeln zu halten haben. Für den Fall von Abweichungen, also Regelverstößen, sollten ebenfalls Regeln für deren Umgang vorhanden sein. Es kommt auch innerhalb von Organisationen vor, dass sich Mitglieder nicht an vorhandene Spielregeln halten und diese wiederholt brechen. Hier müssen sich die Verantwortlichen bewusst machen, dass sich ein solches Verhalten mittel- bis langfristig negativ auf das gesamte Miteinander auswirken kann, sodass sie den Umgang mit solchen „Spielverderbern" ernst nehmen sollten.

Es ist entscheidend, dass alle Organisationsmitglieder die Spielregeln verstanden haben und sie auf ihre jeweiligen Tätigkeiten anwenden können („Was bedeutet diese Spielregel ganz konkret für meine Aufgaben? Was bedeutet das im Umgang mit Kolleginnen und Kollegen?"). Sofern eine Organisation Spielregeln etablieren möchte, sollte sie hierzu einen partizipativen Prozess anstreben. Dadurch wird die Chance erhöht, dass die Organisationsmitglieder zum einen die Spielregeln von Beginn an verstehen, zum anderen und vor allem auch bereit sind, sich zu diesen Spielregeln zu bekennen und sich in der Zukunft an ihnen zu orientieren und sie einzuhalten. Entsprechend leichter fällt es dann auch, neuen Mitgliedern die bestehenden Spielregeln zu vermitteln und zu erläutern, so dass sie diese kennenlernen, akzeptieren und in der Folge auch leben können.

4.3.2 Qualität von Spielregeln

In Bezug auf Being und Doing (vgl. Abschn. 2.2) ist wichtig hervorzuheben, dass es keine Spielregeln für das Being gibt. Das liegt darin begründet, dass Menschen eine Haltung nicht als Spielregel (von außen) gesetzt bekommen, sondern die Haltung „nur" selbst entwickeln und leben können. Being ist ja Dasein, Existenz, Wesen. Dem Menschenbild Frankls folgend (Kap. 3) können dazu nur Sinnangebote gemacht, jedoch kein Sinn verordnet werden. Wohl aber entfalten die Spielregeln ihre Kraft beim Doing, wenn diese akzeptiert sind. Was bleibt, ist aber immer die Möglichkeit, individuell aktiv zu werden und zu handeln.

Zusammenfassend können wir in Anlehnung an Lukas (vgl. Lukas, 1989, S. 65–69) festhalten, dass eine Spielregel als Potential angesehen werden kann, also die Möglichkeit, die der einzelne hat. Seine daraus folgende Handlung (Actus) ist die individuelle Entscheidung, diese Möglichkeit in die Realität umzusetzen und tätig zu werden. Eine Haltung (Habitus) entsteht schließlich durch wiederholtes Tun und viel Übung.

Jeder Mensch ist auch im Arbeitskontext gefragt, wie er sich entscheidet. Entscheidet er sich in einem Augenblick für die Einhaltung der Spielregeln, realisiert er sie und füllt sie mit Leben. Sofern er sich immer wieder zu ihrer Einhaltung entscheidet und umsetzt, gewöhnt er sich an die Einhaltung der Spielregeln, so dass sie für ihn zu einer Selbstverständlichkeit wird. Auf diese Weise formt er sich im Zeitablauf und entwickelt eine entsprechende (Lebens-)Haltung. Aber Achtung: Auch wenn diese Selbstverständlichkeit nunmehr besteht, so besitzt jeder Mensch immer auch die Freiheit, aus dieser Selbstverständlichkeit „auszubrechen" und zukünftig anders zu entscheiden!

► Jede führungsverantwortliche Person muss sich im Klaren sein, dass Haltungen nicht vorgegeben werden können, sondern dass das Einüben und Einhalten von Spielregeln Zeit benötigt. Schließlich liegt es in der Freiheit jedes Menschen, sich zur Einhaltung dieser Regeln zu entscheiden – oder eben auch dagegen.

4.4   Werte- und Sinnkompetenz für verantwortliche Führung

Bei der Einhaltung der Spielregeln spielen zwar grundsätzlich alle Organisationsmitglieder eine wichtige Rolle, doch kommt gerade den Führungsverantwortlichen mit ihrer Vorbildfunktion eine entscheidende Bedeutung zu (zur Bedeutung
der Vorbildfunktion vgl. etwa Blessin und Wick (2017), S. 265).

Führungsverantwortliche in einer Organisation brauchen bestimmte Kompetenzen, um ihrer Aufgabe gerecht zu werden, da (Agile) Führung – wenn falsch
interpretiert – zu demotivierenden Aktivitäten führen kann, die als sinnwidrige
Aktionen zu bezeichnen sind. Dazu ein paar Beispiele:

- Planlosigkeit und Sprunghaftigkeit als Flexibilität argumentieren;
- Pessimismus und Zukunftsangst verbreiten;
- Schuldzuweisung bei Fehlern und Fehlentwicklungen anderen zuschieben;
- unzureichende Information und Kommunikation;
- autoritär handeln, mit engen Vorgaben, permanenten Anweisungen, Zwang, Druck, Überkontrolle und destruktiver Kritik;
- fehlende Wertschätzung und fehlender Dank;
- psychisch angeschlagen, überstrapaziert, permanent auf „Vollgas" arbeiten (und damit ein schlechtes Vorbild für die Selbstfürsorge der Mitarbeitenden sein);
- den gemeinsam geklärten Spielregeln zuwiderhandeln.

▶   Jede führungsverantwortliche Person ist grundsätzlich Vorbild für
    andere Organisationsmitglieder. Hierbei ist sie gleichzeitig „Macher"
    als auch „Diener" (vgl. Hinterhuber und Krauthammer (2015), S. 14).
    Macher in dem Sinne, dass sie dafür Sorge trägt, dass die Spiel-
    regeln von allen Beteiligten eingehalten werden und bei einzelnen
    Verstößen sowie in Bezug auf „Spielverderber" Kritik oder auch die
    vorgesehenen Sanktionen zum Tragen kommen. Ferner dienen Füh-
    rungspersonen den ihnen anvertrauten Menschen dahingehend, indem
    sie diese bei der Entfaltung ihrer individuellen Einzigartigkeit und
    Einmaligkeit aktiv unterstützen.

Machen und Dienen sind Zeichen verantwortlich genutzter Freiheit und
Führungs-Professionalität. Wer für andere da sein kann, leistet im Sinne (Agi-
ler) Führung einen entscheidenden Beitrag. Es muss klar sein: Systeme sollen für
Menschen da sein, nicht der Mensch in das System gezwungen werden.

4.4.1 Qualitative Aspekte für Führungsarbeit

Um die geltenden Spielregeln tatsächlich umzusetzen – also vorzuleben und einzufordern, so dass sie im organisatorischen Alltag tatsächlich mit Leben gefüllt werden, müssen Führungsverantwortliche vor allem auf folgende Aspekte achten.

1. **Begeisterung ausstrahlen:** Die führungsverantwortliche Person ist von ihrer Aufgabe im Speziellen sowie von der Organisation begeistert und kann andere begeistern. Sie kann Hoffnung wecken und aufrechterhalten.
2. **Aktiv zuhören:** Die führungsverantwortliche Person hört auf ihre Mitarbeitenden und hört ihnen zu. Konstruktive Vorschläge und Ideen werden erörtert und sowohl auf ihre Werte- und Zielhaftigkeit als auch auf ihre Wirkung geprüft. Eine Atmosphäre der Kreativität und sinnvoller Innovationen ist mitentscheidend für die interne und externe Organisationsentwicklung.
3. **Die „Wozu"-Frage stellen:** Im Gegensatz zur „Warum"-Frage – die zu Rechtfertigungen und rückblickenden Begründungen führt – setzt die „Wozu"-Frage, ebenso wie die Frage „Wofür", Impulse nach vorn, macht die Sicht frei für Antworten zu einem Engagement für etwas oder für jemanden. Es geht um ein bewusstes „Hinleben" auf etwas, was wertvoll und sinnvoll ist, auf etwas Neues, Tragfähiges, für das es sich „lohnt" zu leben und sich einzusetzen.
4. **Verständnis schaffen:** Ein wirkungsvoller Kommunikationsfluss hilft, wichtige Aspekte im alltäglichen Arbeitskontext zu klären. Dienen heißt hierbei, das „Wozu" einer Aufgabe zu erörtern, um Werte und Sinn erkennbar werden zu lassen. Mit anderen Worten: Verständnis durch Verständigung.
5. **Individualität erkennen:** Die führungsverantwortliche Person sieht jeden Mitwirkenden in ihrer/seiner Individualität und fragt sich: Welche Begabungen und Fähigkeiten hat sie/er und welche Potentiale können einen Erfolgsbeitrag für die Organisation leisten?
6. **Engagement ermöglichen:** Die führungsverantwortliche Person sorgt dafür, dass ihre Mitarbeitenden ihre Potentiale einbringen sollen und können.
7. **Adäquate Tools anwenden:** Die führungsverantwortliche Person nutzt Tools, die zur Erfüllung der vorgenannten Kriterien dienen.

Hierbei ist noch zu beachten, dass gegebenenfalls auch Sanktionen vorzunehmen sind – nämlich dann, wenn ein Organisationsmitglied – bewusst oder unbewusst – von den Spielregeln abweicht und auf diese Weise den Erfolg der Gemeinschaft mindert. Sanktionen verweisen auf das, was an Werten in der Organisation gelten soll, so dass der altmodische Begriff „Zurechtweisen" weiterhin durchaus seine Berechtigung hat.

Eine Spielregel, die nicht zu einer Handlung führt, ist eine intellektuelle Spielerei. Und echte Führungskompetenz zeigt sich in der Einhaltung von Spielregeln, also deren Verwirklichung in der tagtäglichen Praxis. Richtig verstanden, sind Spielregeln von existentieller Bedeutung für ein Unternehmen, so wie Kernkompetenz, Ziele und Strategie.

4.4.2 Werte- und Sinnkompetenz als Nukleus der Führungskompetenz

Führung ist sehr komplex, wenn wir uns die genannten Aspekte und die erforderlichen Qualifikationen bewusst machen. Der Ruf nach kompetenten Menschen ist überall zu vernehmen. Nur, Kompetenz wird meist nur bezogen auf Zuständigkeit, Befugnisse, Funktion oder Parteizugehörigkeit. Diese reichen aber in einer Agilen Führungskultur nicht aus. Es bedarf der umfassenden Befähigung von Mitwirkenden. Dazu gehört: erfahren sein, kenntnisreich, professionell, sachverständig zu sein. Eine „voll kompetente" Person beherrscht die Grundlagen, aktuell gefordertes Handeln zu erkennen, nach sinnvollen Lösungen zu suchen und werte-gerichtete Entscheidungen zu treffen. Die beschriebenen Kompetenz-Felder sind nicht in jeder Situation von gleicher Bedeutung. So kann die Soziale Kompetenz der Kommunikationsqualität in Meetings wichtiger sein als gerade die Methodenkompetenz. Oder die Fachkompetenz hat Priorität bei der Beurteilung einer technischen Veränderung. Allerdings sind die anderen Kompetenzen auch immer in der aktuellen Führungssituation bei der führungsverantwortlichen Person Führung präsent (vgl. Abb. 4.5):

1. **Fachkompetenz.** Basiswissen und Verständnis für die Zusammenhänge werden gebraucht, um sich im Entscheidungs- und Realisierungsprozess aktiv engagieren zu können. Auch die Beobachtung von Entwicklungen, sei es der Branche, der Märkte oder von Personalthemen und Rückschlüsse auf die Organisation ziehen, kennzeichnen diesen Kompetenzbereich. Anerkennung und Akzeptanz der Führungsperson bei den Mitwirkenden im Unternehmen sind die Folge.
2. **Methodenkompetenz.** Hier wird deutlich, in wie fern Führungsverantwortliche ihr „Handwerkszeug" verstehen (vgl. Abschn. 6.2 und 6.3.).
3. **Soziale Kompetenz.** Der förderliche, wertschätzende Umgang mit anderen Menschen auf Augenhöhe. Wir können hier auch die Kommunikationsqualität einfügen, also die Art und Weise der Gesprächsführung und der Umgang mit anderen Menschen.

Abb. 4.5 Werte- und
Sinnkompetenz als Nukleus
der Führungskompetenz.
(Quelle: eigene Darstellung)

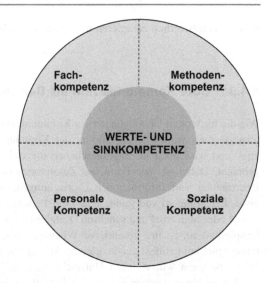

4. **Personale Kompetenz.** Ausgeprägte Fähigkeiten der Selbstorganisation und Resilienz, welche gerade in agilen Märkten und bei betrieblichen Ereignissen substanziell sind. Kreativität und Veränderungsbereitschaft sind gefragt. Bei aller unternehmerischer Anstrengung soll ein ausgewogenes Verhältnis von Beruf und Privatleben möglich sein.

5. **Werte- und Sinn-Kompetenz.** Entscheidungen unter Beachtung der Werte- und Sinnfrage. Besondere Kennzeichen sind Ziele, die „anziehend" sind, Gestaltung des Freiraumes, der zur Verfügung steht, Mitarbeiterführung mit Bezug zu Werten. Sie werden in Zeiten kritischer Betrachtung der Zukunft immer wichtiger, wenn Mitarbeitende zunehmend nach dem „Wozu" fragen. Menschen stellen immer häufiger die Sinn-Frage, die Lebens-Sinn-Frage. Und dies ist mit zu bedenken.

Die Ausrichtung auf Werte – und damit auf Sinn – bringt oft eine Spannung mit sich zwischen dem, was ist, und dem, was sein kann und sein soll. Man muss dann auch „kämpfen" und warten können. Mit einem Wort, es bedarf der sogenannten „Frustrationstoleranz". Frankl sagte: „Frustrations-Intoleranz ist eine Art psychischer Immunschwäche." (Frankl & Handl, 1992, S. 19). So können wir sagen, dass in Organisationen die Ausrichtung auf Werte (in Verbindung mit der Organisationskonzeption) und das aktive Hinwirken auf diese Orientierungen, die Kraft geben, verantwortlich zu agieren und proaktives Mitglied einer Gemeinschaft zu sein.

4.4.3 Gute Kommunikation als Beziehungspflege

Wie die bisherigen Überlegungen zur Kommunikationsqualität und zum Kommunikationsfluss verdeutlichen, kommt der Kommunikation eine hohe Bedeutung zu – und wird doch im Tagesgeschehen oft viel zu wenig Achtung entgegengebracht. Dabei ist jede Form des Zusammenwirkens, der Austausch oder die Übertragung von Informationen (Vorstellungen, Meinungen, Fakten, Erkenntnisse, Erfahrungen) von mindestens zwei Personen Kommunikation. Diese kann verbal oder nonverbal und synchron (zeitgleich) oder asynchron sein. Denken wir beispielhaft nur an eine geschrieben WhatsApp-Nachricht, die viel mehr Interpretationsspielraum zulässt als die gleiche Aussage in einem persönlichen Gespräch. Oder überlegen wir, welchen Unterschied es macht, jemanden in Echtzeit am Telefon zu hören demgegenüber, eine E-Mail mit gleichem Inhalt zu erhalten.

Es zeigt sich: Jede Art von Kommunikation wirkt auf den anderen Menschen. Damit wird schon deutlich, dass es eine zentrale Frage ist, in welcher Qualität Kommunikation stattfindet. Denn jede Kommunikation beinhaltet eine Verbindung zwischen einem Sender und (mindestens) einem Empfänger; eine Nachricht mit der Absicht, dass eine Wirkung erzielt wird; gemeinsam verstehbare Zeichen und Systeme (Sprache, Formeln); und für den/die Empfänger die Möglichkeit der Entschlüsselung der Botschaft, die in der Nachricht enthalten ist (was soll ich verstehen, wie soll ich es verstehen, was soll ich unternehmen, kann ich antworten und Stellung dazu nehmen, etc.?). Gerade in Zeiten von zunehmender Nutzung digitaler Medien ist es umso wichtiger, sich als Sender die Frage zu stellen, ob der/die Empfänger meine Botschaft auch gut verstehen kann. Zweideutige Ausdrücke oder Zeichen sollten vermieden werden.

Jede Kommunikation ist Gestaltung der Beziehung zwischen zwei oder mehreren Menschen – konstruktiv, also förderlich, oder destruktiv und somit hinderlich. Wenn beispielsweise ein Arzt seinem Patienten die Diagnose nur mit seinen ärztlich-medizinischen Fachausdrücken erklärt, will er vielleicht seine Kompetenz (unbewusst) oder sogar seine „Macht" demonstrieren. Erklärt er dagegen dem Patienten das Ergebnis der Untersuchung in Worten, die auch für den medizinischen Laien verstehbar sind, so zeigt er, dass er den Patienten wichtig nimmt. Solch ein letztgenanntes Verhältnis – so weiß sogar inzwischen die Wissenschaft – ist ausschlaggebend für die Befolgung von Medikationen, das Verhältnis

Arzt – Patient und den Gesundungsprozess. Oder wenn eine führungsverantwortliche Person einen Auftrag erteilt, ohne dazu die Meinung des Betroffenen hören zu wollen (sind bspw. die Ressourcen vorhanden?), ist das Anweisung mit zwanghaften Zügen, nicht jedoch partnerschaftliche Kommunikation.

Führungsverantwortliche haben eine große Verantwortung, die Kommunikation mit den Mitarbeitenden verständlich, nachvollziehbar und weitgehend aufbauend zu gestalten. Kompetente Führungsverantwortliche, die sich der vollen Bedeutung der Kommunikation bewusst sind, sorgen durch ihre Art der Beziehungen für eine „menschenorientierte Kommunikation".

Kommunikation ist geprägt von klaren Informationen mit nachvollziehbaren Begründungen, Offenheit und Wahrheit. Es geht darum, andere Menschen, also die Mitwirkenden im gesamten Prozess, selbst entscheidungsfähig zu machen! Dies bedingt nun wieder, dass ein ehrliches Interesse am Anderen und seinen Potentialen und Besonderheiten vorhanden ist. Voraussetzung dafür ist die Bereitschaft, in Resonanz zu gehen. Ein beidseitiges Interesse am Anderen, der Wille zum Helfen und beim Handeln – sofern überhaupt erforderlich – ist stets vorhanden. Dass Meinungen von Fakten und Wirklichkeit zu unterscheiden sind, sollte auch keine offene Frage sein.

Ein wichtiger Aspekt guter Kommunikation ist auch die Zuversicht und positive Grundhaltung. Denn wenn schwarzmalerisch die Zukunft dargestellt wird, werden wohl keine Werte- und Sinnenergien aktiviert. Dass in Gesprächen oder auch in nonverbalen Kontakten menschenwürdige Formulierungen und Ausdrücke gepflegt werden, sollte als Selbstverständlichkeit betrachtet werden. Findet Kommunikation in dieser Beziehungsqualität statt, so wird auch Agile Führung in schwierigen Märkten eine positive Wirkung haben.

Vollwertige Kommunikation jedoch findet immer in der persönlichen Anwesenheit der Menschen statt, denn alle vorher skizzierten Aspekte kommen hier zum Tragen und zur Wirkung. Zusammenfassend ist wichtig zu erkennen: Agile Führung ist Beziehungsarbeit und gute Kommunikation ist Beziehungspflege für den gesamten Leistungsprozess (vgl. Abschn. 2.1.1).

Vom Being zum Doing: Entscheidungen treffen

5

5.1 Qualität von Entscheidungen

Führungsverantwortliche haben fast permanent die Aufgabe, Entscheidungen vorzubereiten, zu fällen und deren Fortschritt im Realisieren zu verfolgen. Agile Führung hat dabei zu berücksichtigen, dass bestimmte Qualitäten zum Tragen kommen. Denn „agil" heißt hier nicht, Entscheidungen emotional, egoistisch, hektisch, unbegründet und unbewertet zu fällen. Agile Führung heißt dementsprechend vielmehr, Konflikte und Krisen durch ein entsprechendes Verhalten zu vermeiden.

Entscheidungen zu fällen und umzusetzen ist häufig schwer. Welche Gefahren können hierbei auftreten?

- Entscheidungsunsicherheit: schnell und hektisch entscheiden, neu entscheiden, widerrufen, wieder anders entscheiden, etc.;
- Entscheidungsschwäche: fehlender Mut zu Veränderungen, Neuanfang, etc.;
- Lippenentscheidungen: entscheiden, aber nicht demgemäß handeln;
- Schwebezustände: Kennzeichen sind Aussagen wie „da müssen wir mal was tun", „es sollte sich jemand darum kümmern", „wir müssten einmal darüber nachdenken";
- Entscheidungen gegen etwas (der alte Zustand soll nicht mehr sein) anstelle für etwas.

Damit sind wir beim ersten großen Thema: Jede Entscheidung braucht ein „Wofür", d. h. einen Wert, eine Idee, ein Ideal, ein Ziel. Ein solches „Wofür" ist ein Pro-Motiv – und wenn es mit Werten angereichert ist, wenn also der Bezug zur Werte-Bedeutung für das Team oder die Organisation erkennbar wird, setzt

© Der/die Autor(en), exklusiv lizenziert an Springer-Verlag GmbH, DE, ein Teil von Springer Nature 2024
B. Ahrendt et al., *Wege agiler Führung – mit Sinn*, essentials,
https://doi.org/10.1007/978-3-662-68728-4_5

dies Kräfte für die Realisierung frei. Entscheiden Menschen sich „contra", wissen sie zwar, was nicht mehr sein soll, was sie nicht mehr haben möchten, aber deshalb ist noch lange nicht klar, was dann sein soll. Ein „Nein gegen etwas" birgt die Gefahr eines Stillstandes, ein „Ja für etwas" beinhaltet viele Möglichkeiten. Agile Führung ist auf das Sein-Sollende, das Wertvoll-Sollende auszurichten. Das Dafür-sein gibt die Kraft zu handeln, auch wenn einmal Widerstände und Schwierigkeiten auf dem Weg zum Ziel auftauchen.

▶   Gute Entscheidungen sind solche, die Werte deutlich machen, die verständlich machen, was sinnvoll ist bzw. durch die Handlung als sinnvoll erfahren werden kann. Gute Entscheidungen müssen nicht unbedingt bequem oder angenehm sein, dürfen einen hohen Grad an Verantwortung einfordern, können Anstrengung und Überwindung (bisheriger, alter Zustände) kosten.

5.2   Entscheidungsfindung

Ein zweites großes Thema ist die Entscheidungsfindung. Entscheidungen, die ohne die Beteiligung der Mitarbeitenden „im stillen Kämmerlein" gefällt werden, stoßen leicht auf Widerstände und Zweifel, werfen Fragen auf wie „weshalb und warum und was soll das?" und generieren meist nicht die Potentiale und die Handlungskraft der Menschen, die von der Entscheidung zu ihrer Realisierung betroffen sind. Das Einbinden der Mitwirkenden, die gemeinsame Entscheidungsfindung, die Beteiligung von Mitarbeitenden – eventuell aus verschiedenen Leistungsbereichen – ist Grundlage für eine wirkungsvolle Umsetzung.

Nun ist die Frage zu beantworten: Gibt es Gruppen- oder Teamentscheidungen? Frankl verdeutlichte uns, dass es ein individueller, personaler Prozess ist, Entscheidungen zu treffen. Jede Entscheidung ist Selbstentscheidung und Selbstgestaltung. Die Freiheit des Willens und der Wille zum Sinn, also zum Sinnvollen, ist jene Dimension, die Menschen bewegt. Willensimpulse gehen immer vom Einzelnen aus und können sich in einer Gruppe durch weitere individuelle Willensimpulse verstärken. Nur der einzelne Mensch kann denken, fühlen, wollen, handeln und dies kann sich in der Gruppe addieren. So hat es zwar den Anschein, dass es eine Gruppenentscheidung wäre, aber es ist immer eine personale Entscheidung, die sich gesamtheitlich darstellt.

Der Mensch ist ein Wesen, das immer entscheidet, in jedem Augenblick, sich so oder anders zu verhalten. Insofern muss eine führungsverantwortliche

Person verstehen und verinnerlichen, dass ein Mensch nicht nur gemäß dem handelt, was er ist, sondern auch das wird, gemäß dem, wie er handelt. Wenn es im betrieblichen Geschehen nun heißt „wir haben uns entschieden", müsste richtiger Weise gesagt werden: „Ja, auch ich habe mich entschieden und stehe zu dieser, unserer Entscheidung". Solch ein Verständnis bedeutet, Verantwortung für diese Entscheidung und die folgenden Arbeitsschritte, die Handlungsprozesse zu tragen.

▶ **Wichtig**
   Es seien ein paar Merksätze all denen mitgegeben, die Angst vor Entscheidungen haben, um diese abzubauen:

- Wenn nicht ich entscheide, entscheiden andere für mich. Wer eben nicht will, was er soll, muss tun, was andere wollen – von ihm wollen.
- Jede Entscheidung ist eine Entscheidung für oder gegen etwas oder jemanden.
- Fehlentscheidungen sind in der Regel nicht krisenträchtig. Denn es können sich Rahmenbedingungen im Verlaufe eines Arbeitsprozesses geändert haben, so dass die „alte" Entscheidung nun durch eine „neue" Entscheidung zu verändern ist.
- Pro-Aktive-Entscheidungen sind sinnvoll, weil motivierend.

Wie ist es aber, wenn Mitarbeitende Führungsverantwortliche veranlassen wollen, für sie (also den eigenen Aufgabenbereich) eine Entscheidung zu fällen? Dies ist der Versuch, Verantwortung zurück zu delegieren. Führung kann und soll wohl Hilfestellungen, Vorschläge, Möglichkeiten anbieten, aber letztlich ist der Mitwirkende in seinem verantwortlichen Freiraum, in seinem Kompetenzrahmen, für die Entscheidung zuständig. Fragen wir: Wer macht schon gerne etwas, was ein anderer für einen entschieden hat, ohne gefragt zu werden?

Doing – Freiraum proaktiv gestalten: Verantwortung wahrnehmen

6

6.1 Qualitative Aspekte für die Führungsarbeit

Obwohl diese Aspekte bereits aufgezeigt wurden, sollen sie hier wegen ihrer Bedeutung für qualifizierte Führung wiederholt werden (vgl. Abschn. 4.4.1).

Um die geltenden Spielregeln tatsächlich umzusetzen – also vorzuleben und einzufordern, so dass sie im organisatorischen Alltag tatsächlich mit Leben gefüllt werden – und gegebenenfalls Sanktionen vorzunehmen, müssen Führungsverantwortliche vor allem auf folgende Aspekte achten.

1. Begeisterung ausstrahlen.
2. Aktives Zuhören.
3. Die „Wozu"-Frage.
4. Verständnis schaffen.
5. Individualität erkennen.
6. Einbringen ermöglichen.
7. Adäquate Tools.

6.2 Ein strukturierter Entscheidungsprozess

Entscheidungsprozesse laufen oft sehr ungeordnet, ohne Struktur. Häufig wird auch bei notwendigen Veränderungen die erst-beste (oder erst-schlechteste) Idee genommen. Grundsätzlich gilt im Gestaltungsprozess: „Nicht jammern, sondern handeln." Mit Jammern und Negativismus ist noch nie etwas Kraftvolles

B. Ahrendt et al., *Wege agiler Führung – mit Sinn*, essentials, https://doi.org/10.1007/978-3-662-68728-4_6

entstanden. Hier nun der Weg zu qualifizierten Entscheidungen im Sinne des Pro-**Aktiv**.

1. **Problem / Aufgabe** als Frage definieren. Was wollen wir? Was soll sein? Wofür?
2. **Alternative Lösungsmöglichkeiten** sammeln. Nicht während dieses kreativen Prozesses kritisieren (positive Bemerkungen wie auch negative sind als Kritik zu verstehen).
3. **Alternativen mit pro (Chancen) und contra (Risiken)** anschließend (!) prüfen und be-werten. Hierbei Daten und Fakten einbeziehen, die sich von Meinungen unterscheiden.
   a. **Welche Werte** sind angesprochen oder künftig anzusprechen?
   b. **Was ist der Freiraum** für die Realisierung (Gesetzte, Budgets, Mitarbeiter Potential, Marktfaktoren)?
   c. **Welche Lösung** scheint möglich, machbar und sinnvoll? Starke Entscheidungen brauchen und haben ein Pro-Motiv.
4. **Klare Ja-Entscheidung** zu dieser Lösung treffen! Kein „na ja, wenn uns nichts Besseres einfällt" oder „ich bin zwar nicht überzeugt, aber probieren wir es einmal"
5. **Alle anderen Alternativen** beseitigen und nicht als eventuelle andere Möglichkeit in Reserve halten. Sollte allerdings ein Plan B bewusst entwickelt werden, so würde dies zu diesem Gesamtprozess möglich sein.
6. **Detailplanung** erstellen – Was, wofür, wann, wer, womit, etc.
   a. **Weg zum Ziel** beachten (Kontinuität, konsequent sein), gerade wenn Hindernisse auftauchen.
   b. Wenn **Widerstände oder Hindernisse** sich zeigen, keine Resignation, nicht das Ziel in Frage stellen oder abbrechen, sondern über „Umwege" oder neue Prozessmöglichkeiten weiter das wert- und sinnvolle Ziel ansteuern. Es bedeutet, die geistige Präsenz des Wofür und Wozu immer wieder zu aktivieren.

Das Vertrauen und Wissen um die sinnvolle Möglichkeit geben uns Energie für unser Durchhaltevermögen. Die Qualität der Entscheidungsfindung und Realisierung ist der Weg dazu. Um es auf drei Punkte zu bringen:

a. Es braucht Entscheidungen für die Umsetzung werte- und sinnvoller Möglichkeiten.
b. Jede Entscheidung erfordert ein eindeutiges JA für die Realisierung.

c. Die einmal getroffene Entscheidung ist nun konsequent und kontinuierlich in die Tat umzusetzen.

6.3   Zur Umsetzung von Spielregeln

Damit Spielregeln für ein „agile being" nicht nur als geistige Orientierungen verstanden werden, braucht es weiteres „Handwerkszeug", um „agile doing" wirksam werden zu lassen. Dazu hier eine Reihe von Tools, die sich für die Tagespraxis eignen. Sie sollen die qualitative Verbindung von Führung und Mitwirkenden im Alltag ermöglichen, verbessern, sowie Mitarbeiter im Leistungsprozess vom Bedenkenträger zum Chancendenker und proaktiven Mitwirkenden zu verhelfen.

1. **Veränderungen** verstehbar machen: rechtzeitig bekannt machen, verstehbar begründen, Vertrauen durch Mitwissen, Mitverantwortung initiieren durch Beteiligung.
2. **Aufgaben** im Werte- und Sinnzusammenhang deutlich machen: Verständlich definieren (was, wofür, wer, wann, womit, mit wem, etc.), Bedeutung im Aufgabenbereich des Mitarbeiters, der Organisation, der Öffentlichkeit erklären.
3. **Tools** einsetzen, um den Weg zum Ziel zu gehen. Erforderliche Mittel bereitstellen (Budget, Daten, Kompetenzen, Projektteam), glaubt der Mitarbeiter, dass das Projekt zu machen ist?
4. **Kontrolle** mit Offenheit und Sachlichkeit ausüben. Sie ist fakten- und zielbezogen.
5. **Anerkennung** und Grundhaltung der Wertschätzung, Ermutigung und Zuversicht zeigen.
6. **Kritik** sachlich, fair, konstruktiv formulieren. Bessere Lösungsvorschläge von Mitwirkenden entwickeln lassen. Künftige Fehler vermeiden, aber wie?
7. **Strukturiert arbeiten.** Bei Aufgaben, Projekten, Strategien Fragen stellen wie: Was ist das Problem? Welches Ziel haben wir? Lösungsalternativen sammeln (kreative Phase). Welche Wirkungen sehen wir bei den Alternativen? Welche Lösung erscheint sinnvoll unter Beachtung unseres Werte-Kanons? Wie sieht der Maßnahmenplan aus?
8. **Mut** zur Aufgabe und zum Engagement fördern, in einer positiven, konstruktiven und wertschätzenden Art, sowohl in der persönlichen als auch in der digitalen Kommunikation

9. **Meetings ergebnisorientiert führen:** Thema und Aufgabe (Auftrag) zur Vorbereitung? Teilnehmende, Ort und Zeitraum, Protokoll, Information ob zu unterscheiden ist zwischen Lösungssuche, Entscheidungsklärung und „nur" Information. Jeder Teilnehmende soll die Möglichkeit haben, sich einzubringen.

Selbstführung als Selbstorganisation 7

Agile Führung zeigt sich in einem Prozess, der weitgehend die Mitwirkenden einer Organisation einbezieht. Wir können auch sagen: agile being and agile doing means with and for each other. In diesem Gestaltungsprozess wirken immer mehrere Menschen mit ihren individuellen Eigenheiten und Potentialen zusammen und bringen sich in die Organisation ein. Damit wird die individuelle Selbstorganisation der führungsverantwortlichen Person wichtiges Element agiler Führung. Denn die persönliche Gestaltung von Strukturen, Systemen und Interaktionen zu organisieren und klar und nachhaltig wirken zu lassen, wirkt sich dann in der aktuellen Situation mehr oder weniger förderlich aus.

Die eigene Entwicklung zu formen trotz der äußeren Umstände und Einflüsse, ist der Kernpunkt. Ein Beispiel: Wenn es zu den Spielregeln gehört, dass Vereinbarungen innerhalb der Organisation eingehalten werden, ist es bei geplanten Meetings wichtig, dass alle zu Beginn des Termins anwesend sind. Dies bedingt, dass jeder eine gute Selbstorganisation lebt und nicht durch verspätetes Erscheinen die gesamte Gesprächsrunde stört bzw. behindert. Oder ein anderes Beispiel: Wenn vereinbart ist, dass die Teilnehmenden des Meetings detailliert und faktenbegründet vorbereitet sind und nicht emotionsgeladene Meinungen vortragen, ist es kontraproduktiv, wenn jemand dabei ist, der erst im Meeting erklärt, er (oder sie) sei noch nicht „dazu gekommen". Um es zu wiederholen: Selbstorganisation ist Selbstgestaltung innerhalb eines selbstentschiedenen Rahmens. So wird dies auch ein wichtiger Beitrag zur Gestaltung der gesamten Organisation in ihrer Qualität. Mensch sein bedeutet verantwortlich sein, so wie es Frankl immer wieder betonte.

B. Ahrendt et al., *Wege agiler Führung – mit Sinn*, essentials, https://doi.org/10.1007/978-3-662-68728-4_7

Selbstorganisation, die nicht nur auf eigene Vorstellung und Vorhaben aus-
gerichtet ist, sondern immer auch an den oder die anderen Menschen denkt, ist
wert-voll. Es ist eine Form von gelebter Verantwortung, die ein Zeichen persönlicher Reife ist. Viktor Frankl hat uns auch etwas mitgegeben, das sich auf diese
Selbstorganisation beziehen lässt: „Wir werden reizüberflutet von den Massenme-
dien. ... Wollen wir nicht in der Flut dieser Reize ... untergehen, dann müssen
wir unterscheiden lernen, was wesentlich ist und was nicht, was Sinn hat und
was nicht, was sich verantworten lässt und was nicht." (Frankl 1992, S. 24). Und
„Verantwortlich sein heißt selektiv sein, wählerisch sein" (ebd., S. 24).

Welche Themen können Bestandteil für die Selbstorganisation sein? Hier
einige Kriterien: Lebensziele und Lebensprojekte, Balance in der Lebenszeit-
nutzung zwischen Arbeit, Familien, Erholzeit mit Kultur, Geistigem und Kör-
peraktivitäten. Prioritäten klären und Unterscheidung zwischen dem, was im
Sinne der Ziele und Aufgaben wirkungsvoll, wichtig ist oder dem, was „nur" an
aktuellen Impulsen gerade „hereinkommt". Konsequenz und Nachhaltigkeit bei
Vorhaben und nicht bei Widerständen gleich abbrechen. In der Führungsarbeit
die Tools, die ja das Handwerkzeug der Führung darstellen, bewusst einsetzen.
Eine eigene Ziel-Ist-Kontrolle. Präsenz und Konzentration, auf das, was gerade
„Thema" ist, und nicht Arabesken, die verführen vom Thema abzuschweifen.

▶   Bei all dem kann noch eine Überschrift gesetzt werden: Es ist grund-
    sätzlich ein „Wille zum Sinn" notwendig, um in agilen Zeiten durch
    eine individuell verantwortliche Selbstgestaltung dem Umfeld und
    den Märkten gegenüber einen Halt und eine Perspektive zu haben.

Fazit 8

Das aktuelle Lebensumfeld hat sich für alle Organisationen, Unternehmen und Institutionen in den letzten Jahren radikal verändert. Leistungen, die gemeinschaftlich erbracht werden, sind zu dynamisieren, um den Anforderungen aufgrund der Veränderungen gerecht werden. Agile Zeiten und Märkte, geprägt von Volatilität, Unsicherheit, Komplexität und Ambiguität brauchen ein Umdenken, eine zukunftsfähige Haltung und in der Folge ein nachhaltiges Handeln. Mitarbeitende, besser beschrieben als Mitgestaltende oder Mitwirkende, beanspruchen mehr Beteiligung an den Prozessen der Organisation. Die Suche nach Werten und Sinn sowie deren Finden sind entscheidend für Leistung und Zufriedenheit. Die Werthaltigkeit der Arbeit und ihre Bedeutung für Personen, Organisationen und Gesellschaft stehen zunehmend im Fokus, gewinnen an Priorität. So wird die Kultivierung der Werte- und Sinnorientierung in Organisationen jeder Art einen immer höheren Stellenwert einfordern. Letztlich geht damit auch eine Bereicherung der Arbeit und Arbeitswelt einher. „Unternehmenskultur zeigt sich in den gelebten Werten, deren konkreter Verwirklichung und im tagtäglichen Umgang miteinander" (Lukas und Ostberg 2022, Seite 197).

Bei alle dem geht es nicht um theoretische Erörterungen, sondern um qualifizierte, konkrete Verwirklichung von Werten und Sinnmöglichkeiten. So kann sich jeder/jede mit den folgenden Fragen auseinandersetzen, um individuelle und gemeinschaftliche förderliche Antworten, Konzepte und Strategien zu entwickeln:

- Was mache ich aus einer Aufgabe, die ich übernommen habe? Wozu erfülle ich sie?
- Was packe ich konkret an und wie mache ich es, mit welchem Mindset?

B. Ahrendt et al., *Wege agiler Führung – mit Sinn*, essentials, https://doi.org/10.1007/978-3-662-68728-4_8

- Wie verhalte ich mich in schwierigen Situationen?
- Wie denke und spreche ich mit anderen und über andere Menschen? Und wie gehe ich mit meinem eigenen Leben und fremdem Leben um?

Als Organisationsgemeinschaft können die Impulsfragen auch mit einem „Wir" bearbeitet werden.

Bewusstsein für die und Annahme der Situation sowie Mut zur sinnvollen Veränderung können Kraft geben, selbst aktiv zu werden und Wertvolles in die Welt zu bringen. Das Menschenbild nach Viktor E. Frankl, in all seinen Ausprägungen, zeigt uns Möglichkeiten auf, auch die Wirtschaft und Arbeitswelt in einem veränderten Verständnis zu gestalten und zukunftsfähig zu machen. Agile Führung ist dazu ein attraktiver Weg, aber mit Sinn.

Was Sie aus diesem *essential* mitnehmen können

- Agile Führung fängt mit dem eigenen Menschenbild an
- Die eigene Haltung beeinflusst die Wirkung von Agilität
- Werte haben eine hohe Bedeutung für die Motivation von Organisationsmitglieder
- Spielregeln sind wichtig für die Führungsarbeit
- Freiheit und Verantwortung sind Kernaspekte agiler Führung
- Wie sich agile Organisationen zu lebendigen Wertegemeinschaften entwickeln können

© Der/die Herausgeber bzw. der/die Autor(en), exklusiv lizenziert an Springer-Verlag GmbH, DE, ein Teil von Springer Nature 2024
B. Ahrendt et al., *Wege agiler Führung – mit Sinn*, essentials,
https://doi.org/10.1007/978-3-662-68728-4

Literatur

Anantatmula VS, Kloppenborg TJ (2021) Be agile do agile. Business Expert Press, New York

Batthyány A, Guttmann D (2005) Empirical research in logotherapy and meaning-oriented psychotherapy: An annotated bibliography. Zeig, Tucker & Co, US

Bauer J (2019) Wie wir werden, wer wir sind: Die Entstehung des menschlichen Selbst durch Resonanz. Karl Blessing Verlag

Beck K, Beedle M, Bennekum Av, Cockburn A, Cunningham W, Fowler M, Grenning J, Highsmith J, Hunt A, Jeffries R, Kern J, Marick B, Martin RC, Mellor S, Schwaber K, Sutherland J, Thomas D (2001) Manifesto for Agile Software Development. https://agilemanifesto.org/. Zugegriffen: 30. Juni 2023

Blessin B, Wick A (2017) Führen und führen lassen. Ansätze, Ergebnisse und Kritik der Führungsforschung. 8. Auflage. UVK Verlagsgesellschaft, Konstanz und München

Böckmann W (1990a) Vom Sinn zum Gewinn. Eine Denkschule für Manager. Gabler, Wiesbaden

Böckmann W (1990b) Wer Leistung fordert, muss Sinn bieten. Moderne Menschenführung in Wirtschaft und Gesellschaft. ECON Taschenbuch Verlag, Düsseldorf

Böckmann W (1987) Sinnorientierte Führung als Kunst der Motivation. Verlag Moderne Industrie, Landsberg/Lech

Brohm-Badry M (2022) Wie Motivation funktioniert. Moment by Moment 1:68

Eilers S, Möckel K, Rump J, Schabel F (2018) Hays-Report 2018: HR-Report 2018. Schwerpunkt Agile Organisation auf dem Prüfstand. Hays, Mannheim

Fischer S, Weber S, Zimmermann A (2017a) Agilität heißt… Personalmagazin 4:40–43

Fischer S, Weber S, Zimmermann A (2017b) Wie Organisationen agil werden. Personalmagazin 6:46–49

Frankl VE (2015) Ärztliche Seelsorge, Grundlagen der Logotherapie und Existenzanalyse, 6. Aufl. Deutscher Taschenbuch Verlag, München

Frankl VE, Handl C (1992) Bergerlebnis und Sinnerfahrung. Tyrolia Verlag Wien

Frankl VE (1992) Psychotherapie für den Alltag. Rundfunkvorträge über Seelenheilkunde. 6. Auflage. Verlag Herder, Freiburg im Breisgau

© Der/die Herausgeber bzw. der/die Autor(en), exklusiv lizenziert an Springer-Verlag GmbH, DE, ein Teil von Springer Nature 2024
B. Ahrendt et al., *Wege agiler Führung – mit Sinn*, essentials,
https://doi.org/10.1007/978-3-662-68728-4

Häusling A, Kahl M, Römer E (2016) Agile HR. Auf dem Weg zum agilen Personalmanagement. Bundesverband der Personalmanager, Berlin

Hinterhuber HH, Krauthammer E (2015) Leadership – mehr als Management. Was Führungskräfte nicht delegieren dürfen, 5. Aufl. Springer Gabler, Wiesbaden

Kaudela-Baum S, Holzer J, Kocher PY (2014) Innovation Leadership: Führung zwischen Freiheit und Norm. Springer Gabler, Wiesbaden

Kern P (1993) Ethik und Wirtschaft. Leben im epochalen Umbruch: Vom berechnenden zum besinnenden Denken? 4. Aufl. Lang, Frankfurt/Main

Lukas E (2014) Lehrbuch der Logotherapie: Menschenbild und Methoden. Profil Verlag, München

Lukas E (1999) Lebensstil und Wohlbefinden. Profil Verlag GmbH, München und Wien, Logotherapie bei psychosomatischen Störungen

Lukas E (1989) Psychologische Vorsorge. Verlag Herder, Freiburg / Br, Krisenprävention und Innenweltschutz aus logotherapeutischer Sicht

Lukas E, Ostberg PM (2022) Arbeit heute – Last oder Freude? Profil Verlag, München und Wien, Strategien sinnzentrierter Unternehmenskultur

Linke B, Gergs, H-J, Lakeit, A (2018) Agilität braucht Stabilität. Was Unternehmen von Kampfflugzeugen, James Bond und Moses lernen können. zfo 5: 314–319

Modern Agile (o.J.) https://modernagile.org/

Muduli A (2013) Workforce Agility: A Review of Literature. The IUP Journal of Management Research 3:55–65

Reeves R (1963) Werbung ohne Mythos – Reality in Advertising. Kindler Verlag, München

Rosa H (2019) Resonanz: Eine Soziologie der Weltbeziehung, Suhrkamp Verlag

Sahota M (2012) An agile adoption and transformation survival guide: Working with Organizational Culture. lulu.com

Sauter R, Sauter W, Wolfig W (2018) Agile Werte- und Kompetenzentwicklung. Wege in eine neue Arbeitswelt. SpringerGabler, Wiesbaden

Sprenger RK (2014) Mythos Motivation: Wege aus einer Sackgasse. Campus, Frankfurt/New York

Weber S, Zimmermann A, Fischer S (2018) Agilität in Organisationen – Welche Herausforderungen sehen Führungskräfte? PersonalQuarterly 3:24–29

Weltwirtschaftsforum (2020): The Future of Jobs Report 2020. World Economic Forum, Genf. https://www.weforum.org/reports/the-future-of-jobs-report-2020/in-full/infograph ics-e4e69e4de7

Yukl G, Gardner WL (2020) Leadership in Organizations. 9. Auflage. Pearson, London

Printed in the United States
by Baker & Taylor Publisher Services